데이터,
근교산의
가치를 찾다

데이터, 근교산의 가치를 찾다

관악산 편

채진해 ― 조경진 지음

목 차

서문:
현대사회에서 인간에게 근교산의 가치는 무엇일까? _ 6

근교산의 가치를 바라보는 다양한 시각

근교산을 바라보는 시각 _ 17
가치를 평가하는 시각 _ 23
근교산으로서 관악산 _ 27

공간으로서 근교산의 가치

공간으로서 근교산이란 _ 41
근교산의 다원적 가치 변화 _ 61
공간으로서 근교산의 다원적 가치를 찾는 방법 _ 69

물리적 공간으로서의 가치

생태적 가치 _ 77
여가휴양적 가치 _ 119

인지적 공간으로서의 가치

| 상징적 가치 _ 151
| 공유재적 가치 _ 173

근교산 가치 변화의 동인은 무엇이며, 근교산은 보편적 가치를 지킬 수 있는가?

| 시대적 변천에 따른 근교산의
| 다원적 가치와 변화 동인 _ 209
| 근교산으로서 관악산 보편적 가치와 특수성 _ 220

마무리하며 _ 225

참고 문헌 _ 234
부록 _ 252

서문:

현대사회에서 인간에게 근교산의 가치는 무엇일까?

현대사회에서 인간에게 근교산의 가치는 무엇일까? 최근 기후변화로 인하여 도시와 인접한 근교산은 도시의 탄소 및 미세먼지를 저감하는 등 도시재해에 대응하는 역할을 하고 있으며, COVID-19 확산으로 인한 실내공간 제약으로 도시민들의 건강 및 여가공간으로 매우 중요하게 대두되고 있다. 뿐만 아니라, 공동체 공간, 일자리 창출의 장과 같은 사회적 자본으로서 가치들이 구현되고 있다.[1] 전통사회에서 근교산은 물질적이고 기능적인 가치보다는 정서적이고 신앙적인 가치가 중요시되었다. 근교산은 시대의 변화 속에서 지속적으로 존재하며 사회의 요구에 따라 공간의 가치가 변화하였다.

우리나라는 세계적인 산림국 중 하나로 많은 산이 도시와 인접해 있으며, 인간의 삶과 밀접한 관계를 형성하고 있다. 최근 한국인의 의식조사에 따르면, 한국인의 취미는 등산이 1위로[2] 산은 한국인의 생활 속에 깊고 넓게 자리잡고 있는 것이다. 특히 도시에 인접한 근교산은 도시와 도시민에게 중요한 생태자원이자 여가공간으로서 그

---

1) Walker, C., "The public value of urban parks", 『Urban Institute』 2004, pp.1-8.

2) 한국갤럽조사연구소(2019)에 따르면 2019년 한국인이 좋아하는 취미는 등산 11%로 1위를 차지하였으며, 등산은 2014년 14%,, 2004년 9%로 매년 1위를 차지하고 있다. 한국갤럽조사연구소(2015b)에 따르면 18세 이상 국민 중 연 1회 이상 등산을 하는 인구는 67%이며, 월 1회 이상 등산을 하는 인구는 28%로 많은 인구가 등산 활동에 참여하고 있다.

역할이 매우 크다. 서울시의 경우 전체 면적 중 22.94%(138.86㎢)가 근교산으로 이루어져 있고,[3] 전체 근교산 중 약 72.33%(100.44㎢)가 공원으로 지정되어 있다.[4] 통계에 따르면 근교산이 도시에서 차지하는 면적과 공원 지정을 통한 이용은 세계적인 수준을 나타내고 있다. 근교산은 전통적으로 도락(道樂)의 장소로서[5] 과거부터 산이자 공원으로서 우리의 생활 속에 자리잡고 있었기 때문에 한국인에게는 특별한 상징적인 의미가 있는 곳이다.

그러나 사람들은 '산과 공원은 다르다'라고 인식하고 있다.[6] 조사에 따르면, 첫째, 응답자들은 산과 공원이 다른 이유를 시설이 조성되어 있는지와 수목이 많은지에 따라 구분하는 경향이 컸다. 이는 사람들이 시설형 공원과 자연형 공원에 대한 구분을 산과 공원

---

3) 서울특별시(2019) 토지이용현황의 지목별 구분에 의하면, 대지 36.2%, 임야 22.9%, 도로 13.1% 순이었으며, 공원은 3.6%를 차지하고 있다.

4) 서울특별시(2020)에 따르면, 임야 면적은 전체 행정구역 면적의 22.94%(138.86㎢)를 차지하고 있으며 이 중 도시자연공원구역과 국립공원을 합하면 약 72.33%(100.44㎢)가 해당함. 서울시 공원현황 2020에서 제시하는 공원면적은 27.91%(168.89㎢)이고 이 중 임야에 위치한 도시자연 공원구역 및 국립공원은 59.47%(100.44㎢)이나, 임야에 위치한 근린공원이나 어린이공원 등을 포함한다면 더욱 높을 것으로 판단됨.

5) 나각순, 『서울의 산』 서울: 서울특별시사편찬위원회, 1997, p.20.

6) 필자가 2015년 9월 20일부터 30일까지 약 10일간 google 설문을 실시한 결과, "산과 공원이 같은가"라는 질문에 총 응답자 중 67.6%는 "다르다", 32.4%는 "같다"라고 응답하였다(부록 참조).

으로 인식하고 있기 때문이다. 또 다른 특징은 응답자의 대부분이 20~40대로 산과 같은 자연형 공원보다는 시설형 공원에 익숙하기 때문에 인식의 차이가 나타났다.7) 이는 인간이 어떻게 가치를 판단하느냐에 따라 그 자원의 성격 규명이 달라진다는 것을 알려준다. 그 예로 현재 근교산은 공원으로 이용되고 관리되고 있음에도 불구하고 시설형 공원을 먼저 경험한 20~40대 응답자들은 공원이라기보다 형태와 수목에 따른 생태적 가치로 인해 산으로 인식하는 것이다. 반면에 근교산을 먼저 경험한 50대 이상은 '산과 공원이 같다'고 응답한 비율이 높았다. 이와 같이 주체에 따라서 가치는 다르게 평가되는 것을 알 수 있다.

문화관광부의 여가활동조사에 따르면 근교산은 사람들에게 가장 중요한 여가공간이자, 등산이라는 여가활동이 가장 활발한 장소이다.8) 그럼에도 불구하고 가치판단은 서로 경험의 차이가 있기 때문에 집단 및 개인에 따라 그 결과가 다르게 나타나는 것이다. 가치를

---

7) 우리나라의 시설형 공원 조성은 1980년대에 확산되었다. 즉, 50대 이상은 근교산을 경험한 이후에 공원을 경험하였고, 20~40대는 공원을 먼저 경험하였기 때문에 두 집단 간에는 차이가 발생할 수 있다.

8) 문화체육관광부(2019)에 따르면 희망하는 여가공간으로 산(4.6%)은 영화관(8.6%), 카페(5.1%)를 이어 3위를 차지하고 있다. 등산에 대해서는 만족스러운 여가활동으로는 10위(3.3%,) 주된 동호회 활동 대상 2위(12.1%)를 차지하고 있다

어디에 두느냐는 자원을 어떻게 관리하고 이용할 것인가와 연결되기 때문에 매우 중요한 기준이 된다. 이는 자원의 훼손과 보존적인 측면 뿐만 아니라 자원의 가치를 극대화하는 측면에서도 중요하다. 그렇기 때문에 근교산의 가치가 무엇이냐는 질문은 지속가능한 자원관리 측면에서 매우 중요한 화두가 되는 것이다.

근교산은 시대의 가치 변화에 따라 자원의 가치가 변화된 대표적인 공간이다. 그 예로 도시개발이 한참이던 1970~80년대에는 산지를 훼손하여 주거지나 공공시설을 개발하였는데, 이후에는 도시의 팽창을 막고 산림을 보호하기 위해 개발제한구역을 지정하거나 산림보호운동을 하는 등 시대적 이슈에 따라 그 가치가 변화하였다. 반면에 다양한 변화에도 불구하고 울창한 산림은 다양한 사회구성원이 이용하는 가치가 지속되는 대표적인 공간이기도 하였다.

최근에 근교산은 많은 변화를 겪고 있다. 2015년 5월에 공표된 개발제한구역 해제 권한이양 및 산지의 보존 및 활용 등을 위한 산지관리기본계획의 도입 등과 같은 정부 정책들은 근교산의 새로운 가치를 증진시키거나 기존의 가치를 감소시킬 수 있을 것이다. 2020년 도시공원 일몰제[9] 시행에 따른 도시공원으로서의 가치 감소는 근교산에 어떤 변화를 가져올지 예측할 수 없다. 그 동안 기존의 근교산에 대한 연구는 현존하는 과제를 해결하고자 하는 연구와 근교산의 가치가 무엇이었는지를 논하는 연구가 주로 수행되어져 왔다. 이러한 연구들은 구체적이고 실천적인 특성으로 계획의 방향성을 제시할 수는 있었으나, 근교산의 가치와 이용을 장기적으로 계승·발전시켜 우리나라의 대표적인 자원으로서 질적 의미를 부여하는 데는 한계를 보였다. 이는 곧 사람들에게 특정한 가치만 부각되고 기능적 측면만 강화되어 산이 가진 상징적 가치와 의미의 하락으로 이어져 장기적으로 산의 무분별한 훼손과 활용 저하로 이어질 우려가 크다. 다음 세대를 위해 산의 가치를 해석하고 유지하기 위한 다양한 활동은 산에 대한 사회적 규범으로서의 의미를 질적·양적인 사회적 함의로 공유할 때 가능한 것이기 때문이다.

도시공원 일몰제와 관련해서도 현재와 같은 다양한 정책과 계획 하에서는 이익과 산의 가치 보존이라는 충돌이 발생할 수밖에 없으

---

9) 도시공원 일몰제는 도시공원으로 도시계획을 지정고시한 후 20년 안(2011년 4월 14일 이후 지정고시된 경우 10년)에 공원 조성(보상금 지급)을 하지 않으면 무조건 자동적으로 공원이 해제되어 소유주가 개발·이용하도록 하는 것을 말한다.

며, 근교산의 가치를 재해석하고 공유하며 새로운 정책적 방향의
제시가 가능할 때 해결의 방향성이 보이게 된다.

　또한 근교산의 산림 특성과 공원적 특성 및 도시공간의 기능 특
성 등 다원적 가치에 대한 재해석의 문제도 향후 근교산의 가치 평
가에 우선순위를 결정하는 데 있어 중요한 과제이다. 근교산은 산
림의 다원적 기능을 지니고 있으면서도 지리적으로 도시와 가깝기
때문에 도시공간 기능으로서 도시민들의 이용 가치가 두드러지기
때문이다. EU임업정책 행동계획에서도 산림의 다원적 기능을 8가
지로 제시하였는데, 기존과 다른 주요한 점은 삶의 질 향상에의 기
여라는 측면에서 삼림의 사회적·문화적 차원을 강조하고 있다.[10]
또한 EU 회원국 사이에 존재하는 자연적·사회적·경제적·문화적
조건에 의한 풍토와 삼림 소유권 형태의 차이를 인정함과 동시에
서로 다른 여러 유형의 삼림에 대한 구체적인 접근방법과 행동이
필요하다고 하였다.[11] 이는 삼림에 대한 다원적 기능을 인정하면서
도 각국의 다양한 여건으로 인한 특수성을 인정하는 차별화된 전략
이 필요함을 시사한다.

---

10) 김정섭, "EU, 임업정책 행동계획 채택", 『세계농업뉴스』 73, 2006, p.66.
11) 위의 책, p.67.

이러한 분류와 다원적 가치 평가의 중요성이 더욱 커지는 것은 시대와 사람들의 이용 및 요구에 따라 산이 가지는 의미와 활용의 내용이 변하기 때문이다. 즉, 시대적 변화에 따른 산의 다원적 가치에 대한 분석은 향후 근교산의 새로운 가치 발견과 해석에 시사점을 제공해 주게 된다.

　특히 국내의 경우 일제강점기와 전쟁, 도시개발이라는 사회적인 큰 변화 속에서 도시공간의 가치가 시대적으로 변하였고, 사람들의 가치관도 급변하게 된 사회적 여건을 가지고 있다. 따라서 경제학적 측면에서 계량적으로 가치를 평가하거나 환경론적 측면에서 자연 자원이 가진 환경적 가치만으로 근교산을 설명하기에는 한계가 있을 수밖에 없다. 그러므로 근교산에 산림과 다른 특성을 반영하는 것, 시간의 흐름 속에 지속되어 온 근교산의 가치를 파악하는 것, 그리고 근교산이 가진 다원적 가치를 상대적 가치 측면에서 파악하는 것이 미흡하기 때문에 이러한 고찰과 분석의 중요성은 여타 국가에 비해 더욱 크다고 할 수 있다.

　그 동안 산림과 도시공원, 개발제한구역 등에 대한 연구는 활발하게 이루어졌다. 각각의 연구는 산의 물리적인 가치와 계획 현황,

특성을 규명하고 인식시켜 개선 방향을 설정하는 데 다양한 해결책을 제시하였으나, 상대적으로 근교산이 가지는 다양한 가치를 시대의 변천 속에서 분석하고 융합·상호 보완하는 연구는 미흡하다. 향후 지금까지 지속되어 왔던 개발제한구역이나 도시자연공원 등과 같은 제도는 그 권한이 축소되거나 역할이 사라질 것으로 예상되고 있다. 동시에 인구 감소와 고령화 사회, 주택 개발이 더 이상 경제 개발과 재산 증식에 연계되지 않는 여건과 여가 수요의 증가와 삶의 질 향상 등 사회 전반적으로 근교산에 대한 패러다임이 변화하면서 근교산에 대한 새로운 관점과 가치 정립을 통한 의미 설정 및 이용의 방향성 제시가 절실히 필요한 상황이 된 것이다. 특히 국내의 가장 오래된 과거이자 미래로서의 장소 특성을 가지고 태곳적부터 자리를 지켜온 근교산은 인간과 관계를 형성하면서 근대화를 통해 가장 많은 변화와 지리적·문화적 가치가 발생한 역사적 자산이다. 따라서 근교산에 대한 시계열적인 분석과 통합적 관점의 이해가 필요하며, 이를 위해서는 근교산의 다양한 가치를 파악하고 가치의 변화 양상을 통해 물리적·인지적 상호 관계 속에서 나타나는 의미의 고찰이 요구된다. 본 글에서는 우리나라의 대표적인 근교산으로서 관악산을 선정하고 이를 중심으로 조선시대에서 최근에 이르기까지 물리적 공간과 인지적 공간의 시계열적인 분석과 통합적인 관점에서의 가치 변화를 파악하고자 한다.

이는 근교산이 지형적·정서적으로 한국인과 매우 밀접한 관계를 형성하고 있는 한국 고유의 공간적 자산임을 밝히고, 물리적·인지적 측면에서의 근교산은 시대적 상호 관계 속에서 각 가치의 융합과 변화를 거쳐 다원적 가치로 계승되었음을 알아보게 된다. 이를 통해 다원적 가치에서 나타나는 본질적 의미를 파악하고 근교산의 가치를 재정립함으로써, 지속가능한 관리 및 계획을 위한 방향성을 제시코자 한다.

근교산의 가치를 바라보는
다양한 시각

근교산을
바라보는 시각

　근교산에 대한 연구는 조경학·산림정책 및 산림생태학·역사지리학·도시계획학 등의 분야에서 주로 진행되었다. 조경학에서는 인간의 이용과 자연환경의 보존 그리고 균형 있는 활용을 위한 바람직한 관리에 대한 연구가 진행되었는데, 주로 도시자연공원과 등산로를 중심으로 연구가 이루어졌다. 조경학적인 측면에서는 주로 인간 중심적인 선호와 만족에 대한 개인적인 측면과 경관이라는 사회적 측면에서의 연구가 다루어졌다.

　산림생태학에서는 산림의 식생, 지질, 동식물 등과 같은 생태학에 대한 연구, 생태축과 같이 도시 구조의 요소로서 그 역할과 방향성에 대한 연구 등이 있어왔다. 산림정책학에서는 산림정책 속에서 산림관리 및 계획의 방향성, 타당성에 관한 연구가 이루어졌다.

　역사지리학 측면에서는 근교산이 가지고 있는 풍수지리사상에 의거한 입지적, 상징적 가치와 역사문화자원의 보고로서의 가치를 인식하고자 하는 연구가 행해졌다. 이러한 연구에서 근교산을 통해 한국 경관의 원형을 찾고자 하는 심도 있는 연구도 진행되었다.

　도시계획학 측면에서는 개발제한구역의 해제에 따른 효율적인

관리를 위해 공원화 전략 등과 같은 연구가 이루어졌다. 개발제한
구역과 관련된 연구들은 기존의 획일적인 규제와는 다르게 각각의
지역적 특성을 고려한 차별화된 계획이 필요하며, 보존과 개발이라
는 이원화된 관점에서 벗어나 존치적 개발 등과 같은 균형 있는 방
향성 제시가 필요하다고 주장하였다. 그 뿐만 아니라 관리 측면에
서도 공공관리의 시스템 개선에 대한 방향성 제시에 관한 연구, 미
집행 도시계획시설로서 근교산의 방향성 설정 등 매우 실천적인 접
근에서의 연구들도 심도있게 수행되어져 왔다.

　기존 선행 연구의 관점을 종합해 보면, 근교산은 생태환경적·이
용적·도시개발적·역사문화적·관리 및 제도적 접근이라는 5가지
의 측면에서 이해될 수 있다(표 1-1-1 참조).

표 1-1-1. 근교산을 바라보는 다양한 관점의 연구자들

관점	연구자	주요 내용
생태학적 접근	이병픵(1972), 김준민(1977), 우보명·권태호(1983), 우보명(1985), 김준호·유병태(1985), 김태욱·전승훈(1989), 김재근·장남기(1989), 이병언(1990), 김태욱·전승훈(1993), 이경재 외(1994), 장남기 외(1995), 강경미 외(1997), 심규철 외(1997a, 1997b), 조현제(1998), 박재현(1998), 강경미 외(1999), 안원용(2000), 허숭녕 외(2001), 이경재 외(2001), 이수동 외(2006), 이정현(2003), 신미란(2007), 유흥식(2007), 조재형 외(2007), 이정현 외(2008), 배기강 외(2008), 서울특별시(2008), 윤호균 외(2009), 전정남 외(2009), 전정남 외(2009), 강영호 외(2010), 유진재 외(2010), 이형욱(2012), 이호영 외(2012), 서울특별시(2012), 장재훈 외(2013), 위사양(2013), 이홍천(2014), 오현경 외(2015)	식생, 환경, 생태, 지질, 수질, 생태축, 대기, 도시숲, 조림, 동물
이용적 접근	박찬용(1989), 최창복(1992), 오충현·이경재(1993), 김진문(1994), 박석희(1999), 김주형(1999), 김찬호(2005), 김동욱(2006), 김원주(2009), 한봉호 외(2009), 한봉호 외(2012), 이연희 외(2009), 반기민 외(1999), 심준영 외(2006), 박원경 외(2008), 유행주 외(2008), 박정열 외	등산로, 숲길, 공원, 이용 형태, 이용 행태, 방문 수요, 도시 텃밭, 인식, 둘레길, 심리적 상태, 생리

관점	연구자	주요 내용
	(2010), 박정열 외(2010), 민현석(2010), 유기준(2011), 김재준 외(2011), 임미정(2011), 김선교(2013), 정미애 외(2013a, 2013b), 유석연(2014)	적 상태, 이용자 만족도
도시개발 접근	국토연구원(2006), 김동실(2008), 이외희(2009), 맹치영(2009), 박경희(2011), 이민기(2012)	관리, 인식, 제도, 전략, 활용, 보존
제도적 접근	허순호(1989), 김호종(1999), 박재찬(2000), 서울특별시(2002), 김태원(2009), 강정원(2005), 이우연(2006), 박경희(2011), 이정석·조세환(2011), 김동현 외(2012), 이종열(2012), 이종열(2013), 강정원(2014)	공원제도, 산림제도, 일제산림, 공원관리, 도시림관리, 미집행 도시계획시설, 산림정책
역사문화적 접근	이상해(1992), 강혜선(1997), 박명자(1991), 안병주(1993), 박준범(2001), 김은정(2001), 서울연구원(2004), 정경연(2004), 고화정 외(2006), 장동수(2006), 박상언(2007), 김대열(2008), 홍태한(2008), 고춘희(2009), 이재상(2010), 조태윤(2010), 황인규(2014), 신동섭(2014), 이정숙(2014), 이원호 외(2014), 김주연(2015), 서영애(2015)	불교, 진경산수화, 마을굿, 명승, 형상화, 풍수지리, 원림 향유문화, 자연관과 유교관, 문화유적, 삼산, 오악, 도시 브랜드 이미지, 역사 도시경관, 경관

기존 선행 연구를 시계열적인 흐름에서 파악한다면 가장 연구가 먼저 시작된 분야는 1970년대 생태학적 측면이다. 이러한 연구는 도시개발이 한참 진행되던 시대에 이루어지기 시작하였으며, 치산 녹화와 개발제한구역 지정 등 사회적으로 생태에 대한 관심이 증가되면서 문제의식이 부각되었을 것으로 판단된다. 생태학적인 연구는 2000년대에 들어서 본격적으로 연구의 양과 질이 향상되었는데, 산림이 가진 생태적인 부분에서 도시 구조의 생태계 서비스 측면까지 확산되었다.

1980년대 후반은 이용적 관점의 연구가 등장하기 시작하였다. 이러한 연구는 서울시를 중심으로 행정구역 개편 등에 따라 외사산이 서울로 편입됨과 동시에 1980년대 도시자연공원으로 지정되어 이에 대한 균형 있는 이용과 관리에 대한 방향성 제시가 대부분이었다.

그러나 최근에는 산림이 이용적 관점에서 어떠한 가치와 심리적 영향, 사회적 의미가 있는지에 대한 연구들이 진행되고 있다.

1990년대는 역사문화적인 접근에서의 연구가 추진되기 시작하였다. 근교산이 가지고 있는 문화적인 가치와 문화를 향유하는 방식, 그리고 역사적 관점에서의 가치를 논의하고자 하는 연구가 이루어졌다. 최근에는 조선시대의 근교산을 향유하는 방식과 그것이 주는 의미에 대한 연구가 다양하게 이루어지고 있다. 2000년대는 제도적인 변화가 많이 이루어진 시기이기도 하고, 이에 따라 도시자연공원제도, 개발제한구역제도, 산림제도 등의 연구가 다양하게 추진된 시기이다. 2005년 도시공원법 변경, 2006년 산림기본법 변경 등을 비롯하여 최근에 개발제한구역 권한 축소 및 해제 등으로 인해 다양한 연구가 추진된 것으로 나타난다. 이 시대의 연구를 살펴보면 첫째, 근교산이 가진 자연 자원적인 특성에 대한 생태환경적 접근에 대한 연구가 있었다. 산림으로서 가지는 내재적인 자질에 의한 것으로 식생, 지질, 수질, 대기, 동물 등에 대한 연구와 이러한 내재적 자원들이 구성한 생태계를 도시환경과 상대되는 측면에서 바라보는 연구가 있었다. 이러한 연구들은 1970년대부터 시작되었으며, 본격적인 연구는 2000년대에 확산되었다.

둘째, 이용적 관점으로 근교산을 바라보는 것이다. 우리나라 근교산의 대부분은 도시자연공원으로 지정되어 있고, 이를 중심으로 시설물이 입지되어 있으며, 이용객의 이용이 활발하다. 이와 관련하여 시설에 대한 선호나 만족, 프로그램 개선 및 제도 변화 등에 대한 연구가 선행되었다. 1990년대 이후 본격적으로 연구가 많이 진행되었는데, 초기의 연구가 시설의 선호나 인식에 대한 것이었다면 최근에는 심리적 만족과 이에 대한 개인적 가치, 의미 등에 대한 연구가 진행되고 있다. 이용적 관점에서 연구는 근교산과 인간과의 관계에서 인간의 행태와 인식을 기반으로 근교산의 가치를 판단하는 데 매우 중요하다. 그러나 근교산에 관한 전체적인 공간 속에서의 해석보다는 부분적인 구역과 시설 또는 프로그램 등에 의한 것으로서 한계가 있다.

셋째, 근교산을 토지 개발의 기회로 보고 주거지나 산업단지, 관광지 개발 등의 효율적인 개발 방향을 제시하는 연구들이 있다. 근교산은 대부분 개발제한구역으로 지정되어 있으며, 이에 대한 해제 또는 관리 및 제도 개선 등에 영향을 받고 있다. 근교산의 개발제한구역 지정과 해제에 대한 논의는 1970년대 시작되었는데, 현재는 획일적인 해제와 무조건적인 보존이 바람직하지 못하다는 결과가 제기되고 있으며, 또한 개발과 보존이라는 과거의 이분법적인 논의에서 벗어나 균형 있는 방향성을 설정해야 한다는 연구와 개별적인 대상 자원의 특성에 대한 고려가 필요하다는 연구가 진행되고 있다.

이는 산림의 다원적 가치를 지속하기 위한 연구들과 제도적인 측면의 방향성 개선을 통해 향후 미래지향적인 근교산의 패러다임 설정이 요구되고 있음을 시사한다. 뿐만 아니라 산림 소유와 관련하여 발생하는 사유권 침해에 대한 공공성 유지와 같은 사회적 갈등, 산림자원의 기본적인 의의를 훼손할 수 있는 사회적 문제에 대한 해결책이 제시되어야 함을 역설한다.

선행 연구의 흐름에서 본다면 근교산을 바라보는 관점은 생태학적인 측면에서 벗어나 매우 복합적이고 인간과 유기적인 관계에서 존재하는 공간으로서 그 가치가 있음을 다양하게 해석하고 있다.

이러한 선행 연구들을 통해 기존의 근교산을 바라보는 부분적인 관점들이 전체를 바라보기엔 한계가 있으며, 새로운 패러다임을 제시하는 데 있어서 서로 다른 가치들이 간과되어서는 안 된다는 것을 알 수 있다.

　기존의 연구들은 각각의 가치를 향상시키고 개별적인 학문 분야의 역할을 수행하는 데에는 커다란 의미가 있다. 그러나 근교산이 가지고 있는 다원적인 가치를 이해하는 데에는 미흡한 부분이 있어 그 상대성을 파악하지 못한다. 근교산 가치의 우선순위를 인식하는 연구는 아직 시도되지 못하였다. 또한 각각의 가치들이 상호 관계 속에서 형성되는지 또는 상호 배타적인 관계를 형성하는지 등에 대한 연구도 시도되지 못하였다. 따라서 본 연구에서는 근교산이 가지는 다양한 양상을 설명하기 위해 그것을 인간과 관계를 맺은 자연적 공간이라는 가장 확장된 개념에서 바라봄으로써 각각의 가치를 해석하고자 한다.

가치를
평가하는 시각

　공간의 가치를 알아보고 평가하기 위한 기존의 연구는 표 1-2-1과 같이 계량적 가치 평가, 정성적 가치 평가 및 시계열적 가치 평가로 구분될 수 있다.

　이에 대해 살펴보면, 첫째, 근교산의 경우 산림이나 공원이라는 비시장재의 가치를 평가하기 위해 계량적 가치 평가가 주를 이루고 있다. 사실 전 세계적으로 가치 개념은 경제학에서 먼저 시작되어 경제적 가치 의미로 사용되었으며, 일반 가치론은 19세기에 대두되면서 전개되었다.[12] 근교산의 경우 산림의 공익적 가치나 생태적 가치 또는 여가휴양적 가치를 평가하는 데 많이 적용되고 있는데, 이러한 비시장가치 평가 방법에는 가상가치접근법(CVM), 여행비용방법(TCM), 속성가격방법(Hedonic Price Approach), 컨조인트기법, 대체비용법, 총지출법, 기회비용법, 개발비용방법, 시장가치법, 산출물의 시장가치법, 손실비용에 의한 평가 등이 있다.[13]

　계량적 가치 평가 방법은 이러한 가치 평가뿐만 아니라 지리정보

---

12) 박찬영, "가치", 『철학과 현실』 28, 1996, p.222.
13) 국립산림과학원, 『임업기술핸드북』 서울: 국립산림과학원, 2012, pp.1435-1439.

체계(GIS)나 설문 분석 등으로 근교산이 가진 다원적 가치를 계량화
된 수치로 판단하는 것으로서 자원의 가치를 쉽게 설명하며 목표를
설정하고 달성하는 데 효율적인 방법이다. 반면에 획일적이다 보니
개별적인 자원의 특성을 이해하고 파악하는 데에는 한계가 있고, 수
치로 환산될 수 없는 비시장재의 가치를 설명하지 않는 단점이 있다.

둘째, 정성적 가치 평가는 주로 공적 가치나 정책 가치 또는 사람
들의 심상적인 가치를 알아보고자 하는 방법이다. 주로 설문조사나
관련 자료를 통해 이루어지는데, 가치판단의 원인을 파악하는 데 적
합하다. 즉, 자료에 기반하여 이를 설명해줄 수 있는 정책자료, 설문
자료, 실증사례분석 등을 활용하며, 이는 가치의 현상을 구체적으로
설명하는 데 매우 효과적이고 가치를 판단하는 주체를 이해하는 데
도 효과적인 방법이다.

표 1-2-1. 가치 평가 측면에서의 선행 연구

구분	가치	가치 평가 방법	연구자
계량적 가치 평가	다원적 가치, 경제적 가치, 공익적 가치, 생태계 시스템, 생태적 가치, 비시장적 가치, 보존 가치, 휴양 가치, 여가 가치, 생태계서비스 가치, 경관 가치	직접평가법-지불의 사금액, 조건부가치 측정법(CVM), 가상가치 평가법, 지리정보체계(GIS), 현황 및 이용 분석, 대체비용방법, 대기정화가치, 핫스팟 분석 및 통계분석, 설문조사, TEEB평가법, 특성가격법	임원현(1994), 최영문·박창규(1998), 한상열·최관(1998), 김수봉·김용수(1992), 윤여창·김성일(1992), 신효중(1998), 이종락·김상윤(2000), 김기성 외(2002), 조현길 외(2003), FAO(2004), 김종호 외(2006), 박창규(2006), 장철수·신용광(2007), 유행주 외(2008), 구자춘·윤여창(2009), 윤문영 외(2010), 유승훈 외(2011), 윤문영 외(2010), 유승혜(2011), 정다정 외(2011), 노정민·이인성(2012), 김종호 외(2012), 권영주 외(2013), 류대호·이동근(2013), 전성우 외(2013), 허주녕·권혁현(2014), 김예화 외(2015)

구분	가치	가치 평가 방법	연구자
정성적 가치 평가	산림문화가치, 가치관, 정책 가치, 공적 가치	문헌분석, 설문조사, 관련 법령 및 지침, 사례 및 실증자료 분석	손상락·윤병구(2002), 이호승(2011), 김진웅(2012), 유병권(2013)
시계열적 가치 평가	도시계획의 가치, 마을 숲의 가치, 도시 공공공간의 가치, 도시가로 환경, 사회가치 인식, 도시림의 공익적 가치	사례분석, 도상자료 (근대 지도, 항공 사진), 인터뷰 및 잡지 신문기사 등, 보도자료 및 시정자료, 뉴스 분석	김연수 외(2013), 김해경·김영수 (2013), 이지영(2013), 윤문영 외 (2010)

셋째, 시계열적 가치 평가는 가치의 방향성을 살펴보고, 가치의 상관성을 비교함으로써 각 가치의 관계를 파악하는 데 도움이 된다. 이러한 방법은 일원화된 관점에서 해석하는 것의 한계를 극복하고 공존하는 다양성의 원인과 결과를 파악할 수 있다는 장점이 있다.

종합해 보면 근교산이 가진 다원적 가치를 평가하기 위해 다각적인 접근이 선행되어 왔지만 근교산에 대한 연구는 비시장적 특성과 공간자원이라는 측면에서 정량적 접근에 의한 연구가 대부분을 차지하고 있다.

이러한 연구들은 수치로 단순화되어 있기 때문에 이해는 쉽지만, 근교산이 가지고 있는 정성적 의미를 이해하기에는 한계가 있다. 또한 근교산은 오랜 시간에 걸쳐 변화된 공간자원이라는 점에서 한 시점의 정성적 의미를 파악하기보다는 시대적 맥락 속에서 그 가치를 파악하는 것이 필요하다. 따라서 본 연구에서는 시계열적인 관점에서 정량적 분석과 정성적 분석을 시도함으로써 각각의 다원적 가치가 가진 특성에 맞는 연구를 통해 그 의미를 해석하고자 한다.

연구의 주요 관점

본 연구는 '공간으로서의 근교산'을 바라보는 관점과 '시계열적인 가치 평가'라는 관점에서 기존 연구들과 구별되는 차별성과 독창성을 가지고 있다.

첫째, '공간으로서의 근교산'은 근교산을 산림생태로만 보는 것이 아니라 인간과 관계를 형성한 자연공간으로 인식하고, 자연공간이 사회구조의 장으로서 자리잡게 되었음을 인식하는 것이다. 이는 생태적 가치뿐만 아니라 도시공간 구조의 부분으로서 근교산이 지닌 다양한 제도적 여건과 인간의 가치관이 그에 개입되어 형성되고 변화되고 있음을 설명해줄 수 있다. 이러한 접근은 기존 연구들과 구별되는 특징으로서 다원적인 관점을 해석하는 데 기준이 될 수 있다고 판단된다.

둘째, '시계열적인 가치 평가'는 각각의 가치가 학문 분야별로 수십 년 동안 연구되었지만 가치의 변화와 등장 또는 상호 관계에 대해서는 연구되어진 바 없다는 데 주안점을 둔다. 각각의 가치는 때로는 제도적인 영향에 의해, 때로는 사회적인 요구에 의해 형성되고 그 가치가 미시적 또는 거시적으로 변화한다. 하지만 그러한 가치들이 어떠한 방향성을 가지는지에 대한 연구는 부족하며 그것이 시사하는 바를 심도 있게 고민한 연구도 미흡하였다. 따라서 본 연구에서는 근교산의 다원적 가치를 이해하는 데 있어 가치의 관계와 가치간의 상관성을 시계열을 통해 분석함으로써 기존 연구와 차별화하였다.

근교산으로서
관악산

　근교산은 도시와 인접한 곳에 위치한 산림으로서 거리적으로 가깝고 지형적으로는 높지 않은 곳을 말한다. 따라서 근교산은 대부분 일정 구역 도시자연공원으로 지정되어 있으며, 도시와 인접하여 개발 기회가 많고 이해관계가 복잡한 것이 특징이다.

　근교산에 관한 기존의 선행 연구는 서울에 위치한 남산, 인왕산 등의 내사산과 관악산, 북한산, 대모산 등의 외사산, 대구의 팔공산, 수원의 광교산 등을 대상으로 하여 진행되었다. 이에 비해 본 연구에서는 서울 성곽 남쪽의 대표적 근교산인 관악산을 대상으로 연구를 진행하였다.

　관악산은 서울 도심에서 20㎞ 이내에 위치하고 서울과 경기도에 광역적으로 걸쳐있어 지리적으로 근교지대에 해당하는 구역에 위치하고 있으며, 생태적인 자원 특성이 우수한 대표적인 근교산 중 하나이다(그림 1-3-1 참조). 또한 역사적으로 북한산, 남산과 함께 서울을 대표하는 자연환경 요소 중 하나로서[14] 서울의 위치 선정, 한반도의 부흥과 쇠락에 영향을 미친 대표성을 가지고 있으며, 1963년

---

14) 서울특별시, 『서울특별시 자연녹지경관계획』, 서울: 서울특별시, 2010, p.37.

행정구역 개편시 서울시로 편입되면서 서울, 경기도의 관리를 받고 있고 다양한 이해관계가 얽혀있는 특이점도 있다. 또한 한국인이 가장 좋아하는 산 중에 관악산은 7위를 차지하며 국립공원으로 지정되지 않은 유일한 산이다.

위치 특성으로 관악산은 서울시 관악구와 금천구, 경기도 안양·과천시에 걸쳐 있으며, 해발고도 629m, 전체 면적 19.22㎢, 약 582만 평에 이른다. 규모나 높이에서는 전국적으로 눈에 띄는 산은 아니지만 한강 이남에서는 가장 높고 경치가 아름다우며, 입지적으로 도시와 도시에 연계되어 있는 특징을 가지고 있다. 1968년 1월 15일 건설부고시에 의해 도시자연공원으로 지정되었으며, 도시민들의 여가공간으로서 이용이 매우 활발하다.

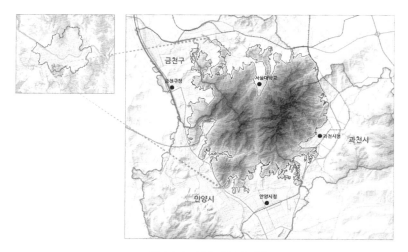

그림 1-3-1. 연구 대상지 개요

관악산은 역사적으로도 중요한 가치를 가지고 있는데, 조선시대 경기 5악 중 하나로서 개성의 송악산과 파주의 감악산, 가평의 화악산, 포천의 운악산과 같이 그 당시 경기를 대표하는 산으로서 평가되었다.[15] 또한 한우물 및 산성지, 낙성대와 낙성대 3층석탑, 연주암 3층석탑, 과천향교 등 총 26개소의 국가 및 시도지정문화재가 지정되어 있는 등 현존하는 역사문화자원이 풍부한 장소이다.[16]

관악산은 생태적으로도 다람쥐, 꾀꼬리, 멧비둘기 등의 일반야생동식물이 분포되어 있어 총 6개소의 야생동물보호구역이 지정되어 있고, 2007년 회양목 자생군락지로서 인정받아 신림동 일대가 생태경관보존지역으로 지정되어 있다.[17]

최근에는 다양한 복지 차원의 서비스 시설과 프로그램이 운영되고 있는데, 서울 둘레길 코스의 5구간에 해당되어 서울시의 대표적 여가 공간 중 하나로서 역할을 하고 있으며, 낙성대 무장애숲길과 청량산 유아숲체험장이 조성되어 있어 유아나 장애인에게 서비스를 제공하고 있다. 또한 관악숲가꿈이 단체가 체험 프로그램을 운영함으로써 거버넌스를 통한 관리가 부분적으로 이루어지고 있는 곳이다.[18]

토지 소유는 국공유지가 약 53.0%(6.5㎢), 사유지가 약 47.0%(5.8㎢)를 차지하고 있다. 국공유지의 대부분은 산림청, 재무부, 국방부, 건설교통부 등이 국유지 약 44.1%(5.4㎢)를 차지하고 있으며, 그 외 사유지 약 8.1%(1.0㎢), 구유지 약 0.7%(0.1㎢)로 구성되어 있다. 사유지는 공무원연금관리공단 및 서울대학교 등의 법인이 관악산 서

---

15) 나각순, 앞의 책, p.181.

16) 문화재공간정보서비스 홈페이지(http://www.gis-heritage.go.kr) 참조.

17) 환경부 홈페이지(http://www.me.go.kr) 참조.

18) 관악구청 홈페이지(http://www.gwanak.go.kr) 참조.

측부 및 동측부에 각각 대규모 필지를 소유하고 있다.[19] 한국의 근교산이 가진 가장 첨예한 문제인 소유주의 재산가치 증식 요구와 도시공원 해제를 막기 위한 지방정부의 공공재정의 부담 문제, 이에 따른 새로운 정책 실현의 갈등 등과 같은 현실적이며 잠재적인 문제들이 야기되는 장소이다. 따라서 다양한 각도에서 그 가치의 재인식이 요구되며, 사회적인 갈등을 최소화하는 정책적인 대안이 시급한 장소이다.

관악산의 시·공간적 변천

본 연구는 조선시대 18세기 후반부터 2015년까지의 관악산을 대상으로 한다. 18세기 관악산은 표 1-3-1과 같이 북쪽은 한강까지 산맥이 뻗어있고, 남쪽으로는 청계산(淸溪山), 동쪽으로는 우면산(牛眠山), 서쪽으로는 호암산을 포함하고 있다. 조선시대 관악산을 산맥의 굵기나 길이를 통해 유추해 보면 경기 이남에서는 가장 넓고 웅장한 산이었음을 알 수 있다. 금천현 동면의 지명을 보면 그 당시의 행정구역은 봉천리·신림리·서원리·난곡리, 과천현 등에 해당한다.[20] 1914년 4월 1일 조선총독부의 행정구역 개편(1913년 12월 29일 공포)[21]에 따라 금천현과 과천현이 통합되면서 경기도 시흥군에 속하게 되었다. 이 당시 경성부는 경기도에 포함되어 있었고, 경기도청사는 경기도에 위치해 있었다.[22] 표 1-3-1의 1919년 지도에서 보면

19) 서울연구원(2009)에서 제시한 서울지역에 해당하는 부분의 통계적 수치임.
20) 서울시 관악구청, 『관악 20년사』, 서울: 서울특별시 관악구, 1996, pp.39-48.
21) 조선총독부령 제111호(1913년 12월 29일).
22) 경기도청 홈페이지(http://www.gg.go.kr) 참조.

일제강점기의 관악산은 북쪽으로는 한강, 서쪽으로는 경부선 전, 남쪽으로는 비산리와 과천현 문헌리까지 포함하고 있어 조선시대와 그 경계가 유사한 것으로 보인다. 그러나 2015년 현재 관악산은 관악구와 금천구, 안양시, 과천시 등에 해당되어 관악산 북사면 쪽의 면적이 축소되어 있으며, 도시와 관악산의 경계가 형성되어 하나의 고립된 섬처럼 남아있다. 그 예로 일제강점기의 기록에서는 국립현충원이 관악산 기슭으로 등장하고, 소풍 지도에서는 한강을 지나 흑석동에서 관악산까지 도보로 20분이라고 설명하는 등 한강과 매우 가까운 곳에 입지되었던 것으로 파악된다.

　구체적으로 살펴보면 관악산 남사면 쪽으로는 석수동, 비산동의 산지가 축소되었고, 북사면 쪽으로는 시흥동, 봉천동과 한강에 인접한 부분이 많이 축소된 것으로 나타난다.

표 1-3-1. 조선부터 현대까지 관악산의 행정구역 변천

구분	지도	행정구역
조선시대(1861년)	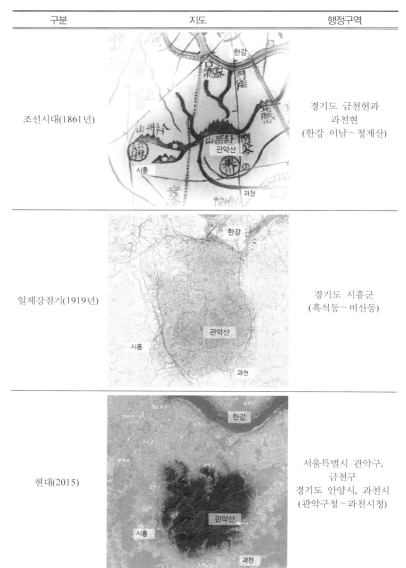	경기도 금천현과 과천현 (한강 이남~청계산)
일제강점기(1919년)		경기도 시흥군 (흑석동~비산동)
현대(2015)		서울특별시 관악구, 금천구 경기도 안양시, 과천시 (관악구청~과천시청)

자료: 대동여지도, 1919년 육지측량부발행지도, 2015년 수치지도 참조.

가치를 찾기 위한 데이터의 활용 및 정리

본 연구는 이론적 고찰을 통해 분석의 틀을 설정하고, 조선시대부터 최근까지의 시계열적 관점에서 공간분석과 인식분석을 실시하였다. 시계열적 연구 방법은 근교산과 같이 사회문화적 여건의 변화 속에서 공간의 기능과 그 의미가 변하는 대상에 적합한 연구 방법이다. 첫째, 공간분석은 고지도와 근·현대 지도 분석을 통해 관악산의 인문학적 변천을 알아보고 토지피복도와 지리정보체계(GIS)를 활용하여 식생의 양적 변천 양상을 파악하였다. 그 밖에 수치지도를 통해 관련 법 및 소유 등을 파악하였다. 또한 상세한 변화를 살펴보기 위해 1963~2000년까지의 국토지리정보원의 지도를 참고하여 비교해 보았다. 공간분석을 위해 사용된 자료는 표 1-3-2와 같다. 둘째, 인식 및 이용 변화 분석은 조선왕조실록 및 보도자료를 비롯한 각종 문헌을 검토하여 그 양상을 파악하였다. 보도자료 분석은 주로 네이버 뉴스 라이브러리에서 1920~1999년까지의 기사 총 3,146건을 전수 분석하였으며, 조선왕조실록 홈페이지, 서울대학교 규장각한국학연구원 등의 고문헌 검색 서비스를 이용하였다. 현대는 국가기록원을 비롯한 대한민국 관보, 서울시보 등의 홈페이지를 활용하여 기록을 수집하였다. 분석을 위한 자료는 조선시대부터 현재까지 관악산이 위치한 지도 자료와 관련 제도 및 고시 내용이며 자세한 자료는 표 1-3-2와 같다.

표 1-3-2. 주요 조사 자료

구분		조사내용
도상 자료	고지도	대동여지도, 조선성시도, 과천현지도, 시흥현지도, 해동지도, 수선전도, 사산금표도
	근대지도	1방분1조선지형도집성, 1919년 육지측량부발행지도
	현대지도	1975～2000년 WAMIS 토지피복도 1980～2000년 환경지리정보 토지피복도 1963～2000년 지도, 2015년 수치지도 1977 서울시 도시계획 연혁, 1999 서울시 도시계획연혁도
법/제도		조선왕조실록 산림정책 관련 모음집
		1901년 산림령, 1934년 경성부 시가지공원계획
		1977년 도시공원 재정비계획, 1980년 도시공원법,대한민국 관보(1986～2005), 서울시보(1983～2000)
문헌자료		조선왕조실록 외 고문헌, 사진으로 보는 서울, 과천시지, 네이버 뉴스 라이브러리(1920～1999년), 일제 시대의 조선생활상, 한국 행락문화의 변천과정, 산림의식조사(1996～2013년), 여가백서(2007～2013년), 국민여가활동조사(2010～2014년), 국가기록원, 관악 20년사, 관악 오늘과 내일, 대한민국 관보, 서울시보, 사진으로 보는 서울 1～6권

셋째, 현장 조사는 표 1-3-3과 같이 체험 프로그램 참여 및 관찰 조사를 실시하였다. 현장 조사는 최근 시점에서 나타나는 이용 양상을 파악함으로써 공간분석, 보도자료에 기록된 것을 확인하거나 아직 기록되지 않은 양상을 관찰할 수 있다. 현장 조사는 2015년 7월부터 10월까지 평일과 휴일, 오전과 오후를 고려하여 답사하였으며, 비가 오는 날과 맑은 날에 방문하였다. 비정기적으로 현장 조사를 실시한 것은 이용객들의 이용 패턴이 다르게 나타나는지 파악하고, 다른 여건 속에서도 규칙적으로 나타나는 양상을 알아보고자 했기 때문이다. 체험 프로그램은 관악숲가꿈이 단체에서 현재 주말마다 운영 중인 프로그램에 전체 접수하고, 개설 중인 3개의 프로그램에 가족 단위로 체험하였다.

표 1-3-3. 현장 조사 및 체험 프로그램

구분		조사 내용	
현장 조사	조사 일시	2015년 7~10월 평일, 휴일, 오전, 오후	
	조사 내용	이용 대상, 활동 내용, 시설 및 공간 특성, 주변 지역 여건	
	조사 방법	사진 촬영 및 기록	
체험 프로그램		생태탐험대: 2015.9.13. (관악산 신림계곡지구)	
		숲속도서관: 2015.9.19. (관악산 제1야영장 일대)	
		청룡산 생태숲길: 2015.9.20. (청룡산 유아숲체험장 일대)	

자료: 채진해 촬영

넷째, 설문조사를 실시하였다. 설문조사는 총 2회 실시하였는데, 첫 번째 설문조사는 관악구민을 대상으로 근교산 이용을 선호하는 사람과 근교산 이외 녹지를 선호하는 사람들의 인식과 이용의 차이를 알아보고자 하였다. 두 번째 설문조사는 구글 설문지를 이용한 무작위 조사로 근교산과 공원에 대한 인식과 근교산과 공원을 선호하는 사람들간의 인식 차이를 알아보고자 하였다. 구체적인 설문조사 내용은 표 1-3-4와 같다.

표 1-3-4. 설문조사 개요

구분		내용
일반인 설문조사	조사 방법	구글 설문
	조사 일시	2015년 10월 1일~30일
	조사 내용	산과 공원에 인식, 차이점
	응답자 수	총 100명
지역 주민 설문조사	조사 대상	지역 주민
	조사 위치	관악구청 외 총 8개 동주민센터
	조사 일시	2015년 9월 첫째 주~셋째 주
	조사 부수	총 121부
	조사 항목	근교산 이용 행태, 선호, 공유재 인식 등
	척도	명명척도, 리커드척도
	방법	자기기입식
	조사 대상지	

본 연구의 내용적 범위는 1장에서는 연구의 기본 개념과 방향, 내용의 틀을 규정하였다. 주요 내용으로는 근교산과 관련된 문제 제기 및 연구의 필요성을 제시하였다. 선행 연구로서 물리적 관점과 가치 평가 측면에서의 연구를 검토하여 기존 연구의 한계와 본 연구의 차별성과 독창성을 정하고자 하였다. 연구 방법으로는 근교산을 대표하는 연구 대상으로서 관악산을 선정하고, 현황 분석을 통해 관악산의 특성을 설명하였다. 마지막으로 시계열적인 가치 분

석 연구 방법의 적용과 이에 따른 조사자료를 정리하였다.

2장에서는 근교산의 개념 및 가치에 대한 이론적 고찰을 진행하였다. 주요 내용으로는 첫째, 근교산에 대한 개념을 이해하기 위해 근교산의 사전적·학문적 개념을 정의하고 근교산의 시대적 기능과 의미를 고찰하여 근교산이 가진 특성을 살펴보았다. 또한 근교산을 바라보는 세계인의 다양한 관점 속에서 한국인이 바라보는 근교산의 관점을 이해함으로써 다른 나라와 차별화되는 고유한 문화 및 풍토에 기반한 특성을 기술하고자 하였다. 둘째, 근교산의 가치 대한 연구 분석을 실시하였다. 근교산이 시대적으로 어떻게 변화되었는지와 시공간의 변화에 따른 근교산의 가치 변화를 파악하였다. 이를 위해 서울시의 근교산 이용과 관리에 대한 정책 내용과 이용 형태를 분석하였다. 마지막으로 선행 연구에 나타난 관악산의 특성과 관련 보도자료에 나타난 특성을 파악하여 객관적인 분석의 틀을 제시하고자 하였다.

3장에서는 관악산의 물리적 공간의 변화에 대하여 알아보고자 하였다. 이는 물리적 공간을 통해서 객관적 가치를 찾는 데 의의를 두고 물리적 공간을 생태적 가치와 여가휴양적 가치로 구분하였다. 각각 지도와 보도자료 분석 현장 조사, 제도 분석에 기반한 자료를 종합하여 외적으로 나타나는 가치를 정립하고자 하였다.

4장에서는 관악산을 인지적 공간으로 살펴보았다. 인지적 공간을 상징적 가치와 공유재적 가치로 구분하고 각각 고지도 검색, 관리 및 공간 구성(사유림, 공유림), 보도자료 검색 등과 다양한 사진자료, 문헌자료 등을 통해 사람들의 관악산 이용 행태와 인식 등과 같은 내적 가치를 정립하고자 하였다.

5장에서는 근교산의 개념 및 특징을 규명하여 근교산의 다원적 가치를 재정립하고자 하였다. 또한 물리적·인지적 공간으로 상호 관계 속에서 나타나는 근교산의 특성을 이해하고, 이를 통해 근교산의 관리와 계획의 방향성을 제시하고자 하였다.

용어 정의

본 연구에서 사용되는 용어의 주요 개념은 다음과 같다.

근교산은 지리적으로 도시 내부나 도시 외곽에 인접한 곳으로 생태적 자원이 우수하며, 여가적 기능이 활발한 산림을 말한다. 현재 제도적으로는 도시자연공원구역으로 일부 지정되어 있고, 근린공원보다는 그 자연성이 우수하고 국립공원이나 산림보다는 규모가 작으며, 주거지와 가까워 접근이 용이한 공간이다.

다원적 가치란 기후, 지리학적 조건, 역사, 사람들의 기질과 경험적 차이 등으로 인해 나타나는 특성과 가치가 탁월하다는 의미를 내포한 용어로서 바람직하게 존재하는 다양한 가치를 말한다. 이는 물리적 현상에 대한 인간의 가치판단에서 비롯된 기능과 개인 및 사회 공동체가 근교산을 이용하며 나타나는 행태에서 비롯된 의미로 분석될 수 있다.

물리적 공간이란 근교산이라는 공간이 점하고 있는 것들을 통칭한 말로 자원집약적인 성격을 비롯한 제도, 규범 등 비인지적인 것을 의미한다. 인지적 공간이란 인간이 근교산을 대하면서 나타나는 심리적 또는 정신적인 것에 의한 공간을 말한다. 그리고 사회적 규범이란 일반적인 제도를 의미하는 것으로 각종 법, 규칙, 예규, 정책 등의 사회적 합의가 이루어진 내용을 말한다.

공간으로서 근교산의 가치

공간으로서
근교산이란

근교산이란

근교산의 용어나 규모, 형태, 입지특성 등과 같은 제반적 특성에 대하여 학술적으로 정의되거나 정부 또는 유관기관에서 명확히 규정하는 것은 없다. 일반적으로 한국에서 산을 지칭할 때 통상적으로 근교산(近郊山), 뒷산(後山), 뒷동산[1] 등과 같은 용어를 많이 사용하면서 통용된 용어이다. 근교(近郊)나 뒤(後)는 지리적 특성에 따른 거리를 나타내는 용어이고 산이나 동산은 지형적으로 경사가 높고 낮은 정도를 표현하는 용어이다. 풍수지리사상에 의해 전통적으로 한국의 주거 명당은 배산임수(背山臨水)에 위치하였는데, 이는 산의 위치뿐 아니라 산을 대하는 산림관(山林觀)이 반영된 것이다. 우리나라에서 통용되는 근교산은 지리적·지형적·문화적 특성이 반영된 것이라고 볼 수 있다.

근교산의 개념은 시대에 따라 변화하였다. 이는 교통의 발달로 인한 지리적 여건 변화와 도시개발에 따른 지형적 변화가 있었기

---

1) 뒷동산이란 마을 부근에 있는 작은 산이나 언덕을 말한다(국립국어원 홈페이지 http://www.korean.go.kr 참조).

때문이다. 또한 가치관의 변화는 근교산의 사회경제적 특성에도 영향을 미쳤다.

근교는 동양에서는 近郊, 서양에서는 suburb로 불리는데, 현재 우리나라에서 사용되는 용어는 두 단어의 의미가 혼용되어 있다.[2] 두 단어를 구분하자면 近郊는 지리적·시간적인 거리의 개념이고, suburb는 토지이용적으로 도시와 농촌의 공간 개념이 혼재된 공간 특성에 따른 것이라고 할 수 있다.

정약용이 『서경(書經)』과 『주례(周禮)』의 이념을 근간으로 저술한 경세유표(經世遺表) 제5권 정전론(井田論)3에는 근교에 대하여 다음과 같이 기술되어 있다. 사마법에는, "100리가 교(郊)가 되고 200리는 주(州)가 되며, 300리는 야(野)가 400리는 현(縣)이, 500리는 도(都)가 된다."고 하여 100리에서 교(郊)라는 단어를 지리적 위치의 개념으로서 사용하고 있음을 알 수 있다. 또한, 왕성(王城)안을 6향(鄕)이라 하면서, 성 밖의 50리 이내를 근교(近郊)라 하고, 100리 안쪽은 원교(遠郊)라 하였다. 야마가 세이지(山鹿 誠次)의 대도시권 형성모형도에서는 도심(civic center), 내부시가지(inner city), 도시주변지역(urban fringe), 외연지역(umland)으로 구분하는데, 도시주변지역은 가장 주목받는 곳이라고 한다(배청 외, 1996). 미국에서는 근교와 중심도시(中心都市, central city)와의 거리를 16∼21㎞(10∼13마일) 내지 32∼48㎞(20∼30마일)로 보고 있다.[3]

---

2) 최영준(1989)에 따르면, 서양의 suburb와 동양의 交은 그 기원부터가 다르기 때문에 사실상 비슷한 단어가 아니라고 한다. 일반적으로 근교와 suburb를 유사하게 사용하는 데 문제가 있다고 한다. 그러나 본 연구에서는 그 두 단어를 통해 근교산의 의미를 이해하고자 한다.

3) 『주례(周禮)』는 조선 세종매 간행된 유교 경전이다. 주(周) 왕실의 관직 제도 및 전국시대(戰國時代) 각국의 제도를 기록한 책으로서, 우리 나라 및 후대 중국 관직 제도의 기틀 마련에 영향을 미쳤다.

이를 통해 종합해보면 근교는 지리적 위치로 보았을 때 50리, 즉 약 20km에 해당하는 것을 알 수 있다(그림 2-1-1 참조).[4]

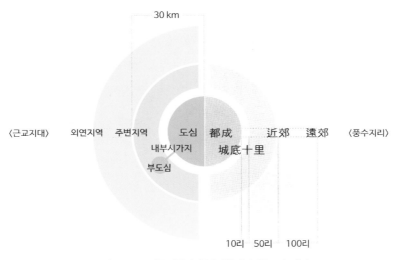

그림 2-1-1. 전통사회와 현대사회에서 근교의 개념
자료: 배청 외(1996), 최영준(1989) 필자 재정리

그러나, 서울의 경우 일반적인 근교(近郊)와 원교(遠郊)를 사용하지 않고,[5] 성저십리(城底十里)[6]라고 하여 도성에서 10리(4㎞)에 해당하는 구역을 근교로 인식하고 이곳에 위치한 산을 근교산이라고 하였다. 그때 당시 성저십리는 도성을 보좌하는 도성과 지방 사이의 완충지역으로서 도시와 교외지역이 혼재된 지역적 특성을 가지

---

4) 최영준, "조선시대 한양의 교지역 연구", 『문화역사지리』, 1989, pp.5-6.

5) 고동환, "조선후기 서울의 공간구성과 공간인식", 『서울학연구』 26, 2006, p.12.

6) 『세종실록지리지』 경도한성부에 따르면 동쪽으로는 양주 송계원 및 대현에 이르고, 서쪽으로는 양화도 및 고양 덕수원에 이르며, 남쪽으로는 한강 및 노도에 이른다.

고 있었다.[7)]

　근대의 전차나 철도 등 대중교통의 발달로 인해 지리적인 거리에 시간의 개념이 포함되기 시작하였다. 조선시대에도 근교는 당일 왕복이 가능한 1일 행정거리(行程距離) 내의 지역으로서 당일 귀가가 가능한, 한양으로부터 반일권(半日圈)에 속하는 지역이었다.[8)] 그러나 교통의 발달로 이동 거리는 단축되었고, 전차나 철도 등의 수단으로 단체 이동이 가능해짐에 따라 북한산 이용객이 급격히 증가하는 등 근교의 개념은 더욱 확산되었다.

　1955년의 신문기사에서는 당일 소풍지로 남산, 덕수궁과 같은 도심 공간과 관악산, 왕십리, 동대문 등과 같은 교외 공간이 근교로 소개되는데, 이 당시 20리 도보길을 근교로 표현하고 있다. 20리라 함은 8㎞ 정도로 광화문을 중심으로 근교의 개념이 성저십리에서 확산되었음을 알 수 있다.

　1970년대 근교의 개념은 도시계획이 적용됨에 따라 절대적 개념이 아닌 상대적 개념으로 변화하게 되었다. 도심에서 반경 15㎞에 위치한 지역을 부도심으로 하여 주거지를 개발하였는데,[9)] 관악구에는 신림 토지구획정리사업지구가 대상이었다. 15㎞에 부도심이 형성되고 1971년 광화문 사거리를 중심으로 반경 30㎞에 개발제한구역을 형성하면서 서울의 외곽을 형성하는 외사산을 경계로 근교가 형성되었다. 근교의 개념이 절대적인 거리의 개념이 아니라 도시의

이현군(1997)에 따르면, 이현군(1997)은 세종실록(3년 11월 28일, 24년 1월 27일)과 세조실록(7년 2월 27일)을 바탕으로 성저십리는 한성부의 관할 하에 있긴 하였으나 조선전기 성저십리의 주민들은 한성부의 관할 하에 완전히 들어 간 것이 아니라 한성부 주민으로서의 성격과 지방민으로서의 성격이 혼재된 상태하에 있었다고 하였다.

8) 최영준, 앞의 책, p.12.

9) 서울특별시, 『서울토지구획정리백서』, 서울: 서울특별시, 1990. p.45.

중심지, 즉 거주지를 중심으로 상대적으로 변화하는 것을 알 수 있다. 개발제한구역제도는 일본의 근교지대관리, 영국의 그린벨트와 유사한 계획이었다. 일본은 1956년 수도권정비법 제2조 4항에 따라 녹지지대를 형성하였는데, 그 이후 1958년 영국의 대런던계획을 모방하여 도심 10~15㎞ 범위 내에 10㎞의 벨트형 구간을 설정하였다.[10] 그러나 일본의 근교지대관리는 실패한 데 반해 우리나라의 개발제한구역은 지금까지 유지되면서 근교지역의 특성을 가지고 있다. 우리나라 근교의 개념은 개발제한구역 지정과 부도심의 개발 등으로 인해 현재와 같이 형성되었다고 볼 수 있다.

근교산(近郊山)의 개념과 공간적 특징

조선시대의 근교산은 성저십리에 해당하는 곳으로서 입산금지(入山禁止), 조가금지(造家禁止) 등 자연보호정책이 강력하게 시행되었고, 취락(聚落)이 발달되지 않은 공간적 특성이 있었다.[11] 이는 현대의 그린벨트 개념과 유사한데, 현재의 그린벨트는 주거지나 상업용 개발이 제한되어 있는 데 반해 여가적 이용이 가능하다는 측면에서 그 차이가 있다. 현재 근교산의 개념은 외국의 그린벨트 개념과 더 비슷하며 이는 그린 인프라로서의 기능과 여가공간으로서의 역할을 포함하고 있다.

이러한 배경에서 영국의 그린벨트 지정 취지를 살펴볼 필요가 있다. 1935년 광역런던계획위원회에서 공식적으로 그린벨트가 제안

---

10) 김성용, "일본의 토지이용 제한제도 연구 - 근교녹지보전제도와 '구역구분(線引き)'제도를 중심으로", 『그린벨트 백서-개발제한구역제도 관련 자료집』, 1997, pp.96-127.

11) 최영준, 앞의 책, p.10.

될 당시 원래의 목적은 오픈 스페이스 및 여가공간 제공이었다.[12] 그 이후 그린벨트 개념에서 무분별한 개발을 제한하는 목적이 강조되긴 하였지만, 제안될 당시의 취지만 본다면 현재 근교산이 개발제한구역과 공원으로 지정, 관리되고 있는 것은 제안 초기의 목적이 잘 반영되어 있는 셈이다.

이러한 사회적 배경으로 인해 근교산은 도시 내에 위치한 계획된 공원이나 도시에서 거리가 멀고 접근이 어려운 삼림과는 다른 독특한 특성을 지니게 된 것이다. 1989년도에 서울시에서 수행한 '서울시 근교큰산 활용방안연구'에 따르면, 근교산은 도시에 가깝게 위치한 삼림으로서 도시림, 자연공원, 근교림과 동일한 뜻이라고 하였다.[13]

도시형

신도시 인접형

도시 간 연접형

근린형

그림 2-1-2. 근교산의 유형
자료: 서울특별시(1989) 참조

12) 박경희, 『개발제한구역 해제지역의 관리와 제도개선 방안에 관한 연구- 경기도 화성시 사례를 중심으로』 경기대학교 도시 및 부동산개발 석사학위논문, 2011.
13) 서울특별시, 『서울시 근교큰산 활용방안연구』 서울: 서울특별시 종합보고서, 1989, pp.14-15.

자연공원과 근교산을 명확히 구분하기는 어렵지만 자연공원은 내재적자질(內在的資質)이 탁월하여 선정되는 데 비해, 근교산은 「레크리에이션」, 즉 사회적 제 요건이 중요한 요인으로 적용된다고 하였다. 이러한 기준에 따라 그림 2-1-2와 같이 근교산을 유형별로 분류하였는데, 관악산, 수락산, 불암산, 아차산, 북한산 등을 도시간 연접형 인왕산, 남산, 안산을 도심형 대모산, 우면산을 근린형 청계산을 신도시 인접형으로 분류하였다. 또한, 근교산의 기능을 자연성을 보존하기 위해 도시미관 제공, 시민의 보건휴양 기능, 청소년 정서 함양 및 자연학습, 공원녹지체제의 기본 틀이라고 명시하였다.14) 이러한 기능적인 측면에서 살펴보면 그 당시 근교산의 특성은 경관, 휴양, 교육, 도시의 인프라로 인식되고 있는 것이다.

근교산이 다른 자원과 차별화되는 독특한 특성이 있음은 연구된 바 있다. 안창식 외(2000)15)는 근교산은 국립공원과 근린공원과는 다른 특성과 행태가 있어 기존의 연구들을 적용하기에 한계가 있다고 하면서, 근교산의 가치로 휴양적 기능이 부각되지만 건강에 대한 가치, 경관적 가치 등으로 인해 차별되고 있음을 밝힌 바 있다. 또한, 일본의 근교산을 대상으로 연구한 윤문영 외(2010)는 30㎞ 반경에 위치한 도시림의 기능은 교육적·방재적·휴양적 가치가 있지만, 사유지로 인한 접근, 안전, 기본 편익시설의 미비, 오픈 스페이스의 부재 등의 문제가 있다고 지적하였다.16) 이 논문에서 본다

---

14) 서울특별시, 앞의 책, p.14.

15) 안창식, 박장근, 이원희, "도시 근교산 등산객의 등산 행태 분석연구", 『한국체육학회 학술발표 논문집』 38, 2000, pp.982-990.

16) 윤문영, 오은석, 함광민, 손용훈, "도시개발에 따른 도시림의 변화 과정과 도시림이 갖는 공익적 가치에 관한 연구: 치바현 아비코시를 대상으로", 『한국조경학회 학술대회 논문집』 2010, pp.89-90.

면 일본의 근교산은 우리의 근교산과는 달리 개방되어 있지 않고, 시설도 갖추어져 있지 않다는 것을 알 수 있다.

이와 같이 우리나라의 근교산은 독특한 공간적 특성이 있음에도 불구하고 그 특징이 간과되고 있다. 우리나라의 근교산은 공원보다는 그 내재적자질이 매우 풍부하다. 그리고 삼림보다도 개방적이고 다양한 시설이 집약되어 있어 이용이 편리한 공간이기도 하다. 또한 도시와 매우 인접해 있어서 도시경관의 요소로서 도시민들의 교육적 장소로서 그 공간적 특징이 복합적인 장소인 것이다.

근교산의 개념과 공간적 특성을 통해 근교산이 절대적인 개념이 아닌 상대적인 개념임을 알 수 있었다. 이는 인간의 가치 평가가 절대적일 수 없고, 시대에 따라 변화되는 특성이 있기 때문이다. 또한 자연 자원의 양과 시설 조성 정도도 다른 자원과 비교한다면 그 가치가 더욱 각인되기 때문이다. 그럼에도 불구하고, 근교산은 통시적으로 거주지에서 가까운 곳에 위치한 산림으로서 자연성이 강하고 인간의 활동이 자유롭고 용이하여 여가활동이 가능한 곳으로 공통적으로 인식되고 있다.

근교산의 의미와 기능

산과 산의 문화를 논할 때 풍수지리사상은 빼놓을 수 없는 요소이다. 산으로 겹겹이 에워싸인 지형 조건과 자연환경은 풍수를 받아들여 토착화시키는 배경이 되었는데, 풍수사상을 통해 금수강산의 자연성과 미학을 가장 잘 설명하고 해석할 수 있었기 때문이다.[17] 풍수지리라 함은 사람들이 사는 생활공간에 가장 적절하다고

---

17) 최원석, 『사람의 산 우리 산의 인문학』 파주: 한길사, 2014, p.33.

생각하는 자연환경 조건을 체계화한 것으로, 우리나라에서는 산 사람뿐만 아니라 죽은 사람의 영면 장소를 선정[18]할 만큼 중요한 기준이다. 또한 조선시대 때 도성의 공간구조와 입지특성을 결정하는 데 있어서도 산은 매우 중요하게 다루어졌다.

한양도성 건설은 풍수지리적인 내용과 상응하여 이루어졌는데, 풍수의 형국은 穴로 흘러들어오는 조산(祖山)과 주산(主山), 혈(穴)과 명당(明堂)을 에워싸고 있는 좌청룡(左靑龍)과 우백호(右白虎), 주산과 조산을 앞에서 받아주고 있는 안산(案山)과 조산(朝山), 그리고 그 사이를 흐르는 내수(內水)와 외수(外水)에 의하여 이루어진다.[19] 경복궁을 중심으로 한양을 보면 백악산은 주산에, 삼각산, 즉 북한산은 조산에 해당된다. 백악산에서 좌우로 뻗어나간 낙산은 좌청룡에, 인왕산은 우백호에 해당되며, 남산은 주산에 대한 안산이고 관악산은 종조산(宗祖山)에 대한 조산(朝山)에 해당된다. 이렇게 이루어진 풍수 국면은 한양의 내명당과 외명당을 형성하였고 내수는 청계천, 외수는 한강으로 형성되었다.[20]

산은 풍수지리 이론에서 물, 방위와 함께 가장 중요한 요소이다.[21] 풍수지리의 구성요소로만 보면 자연자원의 생태적 관계를 파악하는 데 목적을 가지고 있지만, 인간을 하나의 구성요소로 자연자원과의 동등한 위치에서 관계를 파악함으로써 인간의 삶에 미치는 영향을 평가하는 기준으로 활용하였다. 풍수지리에서 산의 의미는 비보와 배산임수를 손꼽을 수 있는데, 산의 개념이 그것을 직접

---

18) 김무진, "고려사회의 산림관과 산림정책", 『산림』 5, 2009, pp.44-47.

19) 이상해, "한양도성 경관의 원형", 『대한건축학회지』 36(1), 1992, p.45.

20) 위의 책, p.45.

21) 최원석(2014), 앞의 책, p.44.

적으로 어떻게 활용할 수 있다거나 이용할 수 있는지보다는 주거지와의 관계라는 상징적 의미에서 중요한 역할을 한다. 산이 주거지의 뒤에 배치되어야 하는 방위의 개념과 기가 지나치게 강한 곳은 명당자리가 아니라는 의미에서 산의 자체적 활용보다는 상징적 의미가 우세했던 것이다.

· 지모사상(地母思想)과 유산(遊山)활동

풍수지리는 세계유산적으로 우수한 가치를 지니고 있는데, 이는 생태 환경적인 측면에서 인류의 보편적 가치와 지모사상(地母思想)을 따르는, 자연에 대한 사랑에서 발현된 탁월한 지리사상이기 때문이다. 한국의 전통적인 풍수는 개인 이익보다 공동체의 행복을 지향하는 홍익인간·재세이화의 사상을 담은 우리 민족 고유의 것이다.[22] "땅은 만물의 어머니와 같은 존재로서 가장 중요한 것"이라는 토속신앙을 근간으로 한 풍수지리사상은 땅을 어머니의 품과 같이 모든 생명체를 양육하는 곳으로 어머니의 품속과 같이 포근하고 편안한 안식처로 인식하였다.[23] 이러한 생각은 어느 민족에게나 공통적이지만 특히 한국인들은 비교할 수 없을 정도로 신앙적인 지모사상을 가지고 있다.[24]

이러한 사상적 배경에 의해 땅을 어머니와 같은 것으로 사람이 섬겨야 할 대상으로 인식한 것이었다. 『신증동국여지승람』에는 아미산, 모악산, 대모산, 모후산, 자모산, 모자산 등 어미산 계열의 여러

---

22) 이진삼, "한국 전통풍수의 연원 및 사상적 토대와 그 변모 양상", 『인문학연구』 50, 2015, p.207.
23) 심재열, "풍수사상의 입지선정 영향에 관한 연구: 전통적 풍수지리와 현대적 입지요건의 비교" 인천대학교 대학원 박사학위 논문, 2010, pp.78-79.
24) 신영대, 『풍수지리학 원리』 서울: 경덕출판사, 2004, pp.31-32.(심재열, 위의 책, p.79. 재인용)

산 이름이 나타나는데 이를 통해 산을 모성으로 인식해 왔음을 잘 알 수 있다.25)

조선시대 사대부들 사이에서는 국내에서 유명한 명승을 찾아다니는 유람이 유행하였다. 유람문화가 본격적으로 형성된 때는 조선시대였고, 임진왜란과 병자호란이 끝난 17세기 후반에 들어서서 조선시대의 주목받는 문화 행위로 부각되었다. 사대부들이 즐기는 유람문화는 자연으로서 산수를 즐기는 것뿐만 아니라 그것을 정신 수양과 역사·문화가 집합된 장소로 인식하는 것이었다.26) 특히 유교사상이 지배적이었던 조선시대의 유람은 다양한 목적의식이 있었기 때문에 『유산기(遊山記)』를 비롯한 많은 기행문을 남겼다.27) 사대부들은 탈속과 안분을 체험하고, 문기 함양 및 성리학적 입장을 견지하여 도(道)를 체득하기도 하였다. 역사 현장을 찾아 역사의식의 고양 및 선현의 자취 답험(踏驗) 등을 위해 유람하기도 하였다. 뿐만 아니라 보임지를 순회하면서 유람을 병행하기도 하였다.28) 조선시대 사대부들에게 유산(遊山)은 단순한 여가 이상의 의미가 있었으며, 무엇보다도 오늘날의 여행이나 등산(登山)과는 그 의미가 달랐던 것이다.29)

조선시대 사대부들은 유람 중에 독서, 시 쓰기, 토론, 제명 등의 활동을 관행적으로 하였으며, 유람 중에 동행한 친지와 토론하거나 산에서 만난 승려와 교류하였다.30) 조선시대는 통신 수단이 부족하

---

25) 최원석(2014), 앞의 책, p.45.

26) 이상균, "조선시대 사대부의 유람 양상", 『정신문화연구』 34(4), 2011, p.38.

27) 이혜순(1997)에 의하면, 조선중기의 유산기 문학에 따르면 16세기 때부터 지금까지 전해지는 작품은 약 560편으로 유람이 얼마나 성행했는지를 알 수 있다.

28) 이상균, 위의 책, p.54.

29) 정치영, 『사대부, 산수 유람을 떠나다』 성남: 한국학중앙연구원, 2014, p.5.

30) 정치영, "조선시대 사대부들의 유람 중의 활동", 『역사민속학』 42, 2013, p.38.

였을 뿐 아니라 교통이 편리하지 않아 유람 활동은 평소 만나기 힘든 사람들과 교유하는 기회였던 것이다.[31] 채제공의 『번암집』 「관유산기(冠遊山記)」에도 승려를 만나 대화하는 상황이 기록되어 있다. 조선시대 양반인 사대부들에게 유람은 즐기고 선호했던 대표적인 풍류문화이자 여가문화라는 점을 단적으로 보여주는 예로 볼 수 있다. 더불어 유람을 통해 문풍이 진작되는 등 또 다른 문화가 촉진되었는데, 이처럼 유람은 조선시대의 문화를 이해하는 데 있어 중요한 위치를 차지하고 있는 것이다.[32]

표 2-1-1. 세계 주요 국가의 산림 면적 비교

국가명	국토 면적 (1,000ha)	산림 면적 (1,000ha)	산림 비율 (%)	사유림 비율 (%)
OECD평균	96,028	28,477	29.7	40.9
대한민국	9,710	1,866	63.7	67.9
핀란드	30,390	22,218	73.1	69.6
일본	36,450	24,958	68.5	59.3
스웨덴	41,034	28,073	68.4	75.5
슬로베니아	2,014	1,248	62.0	75.2

자료: 산림청(2020) 임업통계연보_제50호

우리나라는 OECD 국가 중에서도 산림 비율이 가장 높은 산림국 중 하나인데, 핀란드(1위), 일본(2위), 스웨덴(3위)에 이어 4위에 해당할 정도로 산림 비율이 높고 사유림 비율도 높은 국가이다(표 2-1-1 참조).[33]

스가와라 사토시(菅原 聡, 1989)[34]는 산에 대해 느끼는 생각은

---

31) 이상균, 『조선시대 유람문화 연구』, 강원대학교 박사학위 논문, 2013, p.84.

32) 이상균, 위의 책, p.iv.

33) 산림청, 『2020 임업통계연보 제50호』, 2020. p.370.

그 나라의 문화와 풍토에 따라 다르다고 하였다. 핀란드는 천연림이 분포되어 있으며 일상생활 행위와 밀접하여 '체험적으로 산림을 보는 마음'이 형성되어 있는 반면, 독일은 인공림이 분포되어 있어 '이념적으로 산림을 보는 마음'이 있다고 하였다. 일본은 '일상생활 전반에 걸쳐 많은 의미를 가진 것'으로 산의 존재를 인식하고 있다고 하였다. 이렇게 형성된 산에 대한 관점은 산을 어떻게 가꿀 것인가, 어떠한 가치를 지속할 것인가의 문제와 연계될 수 있다. 나아가 산림관은 그 지역의 문화와 풍토 뿐만 아니라 주체에 따라서도 다른데, 도시민들은 '관념적'인데 반해 산촌민은 '구체적'이라고 하였다. 도시민들은 산림을 '보는 곳', '노는 곳', '사색하는 곳'으로 인식하고 산림으로부터의 혜택을 피동적으로 향유하려고만 한다고 하였다. 이처럼 산에 대한 다양한 가치를 인지하지 못하고 어느 한 쪽 면만 이해하는 시각은 지양해야 하는 시선임을 지적하였다.

앞서 살펴본 바와 같이 우리나라의 근교산에 대한 관점은 풍수지리사상에 따라 '마음의 상징적인 가치에 의해 형성된 산림관'에서 비롯된 것으로 생각된다. 우리나라는 전통적으로 함부로 자연을 훼손하지 않고 돌 하나도 생물체로 인정하고 소중히 여기는 사상적 배경이 있다. 이러한 민속신앙과 풍수지리에 따른 '좋은 자리'에 의한 상징적 의미에서, 근교산은 존재만으로도 가치 있는 장소가 되는 것이다. 이러한 배경과 유교사상을 따랐던 양반들이 자연에서 이치를 깨닫고 답을 구하려 했던 자세를 통해 보면 산을 대하는 마음이 얼마나 경건하였는지를 알 수 있다.

---

34) 스가와라 사토시(菅原 聡) 『인간에게 있어 산림이란 무엇인가-황폐를 막고 재생의 길을 찾는다』 정영호·박찬우 역, 서울: 전파과학사, 1989, pp.27-40.

생활양식 측면에서는 근교산에 대한 공동 이용을 들 수 있다. 조선시대의 산림은 공유제로서 무주공산(無主空山), 즉 주인이 없는 곳이었다. 그렇기 때문에 근교산은 누구의 소유도 아니었지만, 나의 주거지를 결정하는 중요한 자원이기도 했기 때문에 주체적인 공간이었던 것이다. 씨족사회에서 근교산에 자리 잡은 조상의 묘는 그 씨족 중심으로 형성된 마을 공동체의 소유였으며, 가족 중심의 생활관에서 비롯된 주인 정신이 자리 잡고 있었다. 현재 사유림 중에서 종중이 소유하고 있는 산림 면적을 통해 유추해 보면, 공용 이용에 대한 역사적 사실을 알 수 있다. 이렇게 소유와 인식뿐만 아니라 이용 행태에서도 한국인들이 근교산을 얼마나 자유롭게 이용했는지를 알 수 있다.

구한말 한국을 방문한 헐버트(Hulbert, Homer B.)는 그 당시 한국인들에게 공공공간에 대한 개념은 없었지만, 한국인들이 자유롭게 노니는 모습에서 산림을 공공공간으로 인식하고 있었음을 지적하였다.

> 한국인들에게는 공원, 장식된 공공장소 혹은 레크리에이션 장소의 개념이 없다. 그러나 그들은 경치가 좋아서 자연의 아름다움을 즐길 수 있는 산록을 거니는 것을 즐겨했다(Hulbert, Homer B., 1896, 강신용, 1995, 조경진, 2007 : p.39에서 재인용)

길모어(Gilmore, George W.)(1995)는 남산의 이용 행태를 묘사하면서 나무 아래에 눕거나 경치를 감상하는 행위, 그룹을 이루어 행복해하는 모습 등 산을 이용하는 사람들의 꾸밈없고 자유로운 이용을 언급하였고, 이는 외국의 공원과 유사하다고 하였다.

조선 사람들은 지나치게 언덕을 좋아한다. 그 결과 남산은 사람들을 위한 가장 훌륭한 휴양지가 되었다. (...) 화창한 날에는 작은 무리들이 산을 넘어 거닐거나 나무 아래 누워서, 때로는 도시의 벽에 기대앉아 남쪽의 강의 경치를 즐기는 것을 볼 수 있다. (...) 서울에 이웃해 있는 모든 언덕에는 잘 닦인 길이 있고 늘 남자와 소년들이 홀로 짝을 지어 또는 무리지어서 산책하거나 바위에서 쉬면서 즐겁고도 만족한 표정을 짓고 있는 것을 볼 수 있다(Gilmore, George W., 1999: 134).

전통적으로 우리나라에서 뒷동산은 어린시절의 추억이 담긴 놀이터와 같은 곳이었다. 뒷동산에는 조상들의 무덤이 있을 뿐 아니라 산딸기와 오디 등과 같은 열매가 있었다. 학교의 교가에는 고장을 대표하는 산이 꼭 등장하는 등 우리나라 사람들에게 산은 상징적인 존재였다.[35]

우리나라 사람들의 근교산에 대한 인식, 소유, 이용 등을 다각도로 정리해 보면 첫째, 마음으로 느껴지는 상징적인 산림관, 둘째, 공동체에서 비롯된 주체적 소유 의식, 셋째, 생활 속에 자연스럽게 스며든 자유로운 이용으로 정리될 수 있다. 이러한 전통적인 근교산의 산림관은 현재까지 부분적으로 변화되면서 지속되었다. 현대에도 근교산을 공공의 소유 공간이라고 인식하는 것을 보면, 이러한 전통적 근교산의 산림관이 일부 지속되었기 때문인 것으로 판단된다.

근교산의 기능

현대 도시공간에서 근교산은 산림으로서의 기능과 그린 인프라로서의 기능을 동시에 포함하고 있어야 한다. 전통사회에서 풍수지리사상에 의한 상징적 의미와 비교한다면 이는 공간을 어떻게 활용할 것인지에 대한 이용적 측면이 중요한 것이다. 전통적으로도 산

---

35) 김선미, 『산악문화도시』 파주: 한울아카데미, 2013. p.15.

과 산을 연결하는 산맥들이 중첩되어 생활공간을 형성하였기 때문에 근교산은 이용적 측면에서도 중요하게 다루어져 왔다. 또한 다른 공간 요소와 유기적으로 연계된 공간으로서 그 기능을 인식하였는데, 그 예로 도성의 공간구조 및 입지특성은 반드시 뒷산과 관련되어 설명되었다.[36] 공간 요소로서 다른 공간과의 관계 속에서 역할과 기능이 있었던 것이다.

1998년 EU임업정책 행동계획에 따르면 산림의 기능은 다원적[37]이라고 하였다(Commission of the European communities, 2006). 다원적 기능은 학자에 따라 11가지, 6가지 등으로 구분된다.[38] 생태적 기능에는 수원 함양, 산림 정수, 토사유출 방지, 토사붕괴 방지, 이산화탄소 흡수, 생물환경 형성, 생물다양성 보존 등이 있고, 이용적 기능에는 산림휴양, 산림치유 등이 있으며 공간적 기능에는 산림경관, 문화유산 유지 등과 같은 기능이 있을 수 있다. 하나는 산이 가진 자원에 따른 가치, 다른 하나는 인간이 근교산과 관계를 맺으며 행태적으로 나타나는 가치, 다른 하나는 지역에 존재하면서 나타나는 자산적 가치라고 할 수 있다.

근교산을 산에 조림된 임(林), 수풀을 말하는 것으로 본다면, 산림의 기능은 일부이다. 근교산은 산림(山林)뿐만 아니라 산지(山地)로서의 기능을 지니고 있다. 산지란 산림이 식재되어 있는 토지로서

---

36) 강병기, 최종현, 임동일, 앞의 책, pp.251-264.

37) 유승혜(2011)에 따르면, 다원적 기능은 농업의 다양한 기능을 표현하기 위해 생긴 용어이다. 농업은 식량 공급을 위해 농작물을 생산한다는 본질적 역할과 더불어 환경적, 문화적, 사회적 측면에서 다양하고 중요한 기능을 수행하고 있으며 이것을 농업의 다원적 기능이라 한다. 다원적 기능은 시장재로서 농산물을 생산하는 과정에서 농산물과 결합됨으로서 공급되는 추가적인 기능으로, 일종의 비시장재 혹은 외부효과로 시장 기능의 실패를 유발할 수 있는 특성이 있다.

38) 유진채, 김미옥, 공기서, 유병일, "한국산림의 공익적 가치 추정: 선택실험법을 이용하여", 『한국농촌경제연구원논집』 33(4), 2010, pp.43-62.

나무가 가진 특성과 경사지가 가지는 특성, 그리고 대지가 가지는 특성을 모두 함축한 의미라고 할 수 있다. 근교산이 도시 오픈 스페이스로서 가지는 전통적인 가치로 레저 레크리에이션 기능과 공해 방지 기능을 들 수 있다. 즉, 도시공간 기능을 크게 주거, 일, 교통, 여가로 보았을 때 여가 기능에 포함되는 것이다. 근교산에는 자연환경적인 기능뿐만 아니라 공간적인 기능도 내포되어 있다. 공간은 모든 인간 활동이 발생하는 장소로서 물리적인 집합체 이상의 사회문화적 현상을 담고 있다. 공간의 형태와 시설이 고정되어 있다 할지라도 인간 활동에 의해 그 기능은 능동적·수동적 관계를 형성하면서 변화되는 것이다.

따라서 공간 기능을 가지는 근교산도 최근에 그 기능이 다양화되고 의미가 확장되고 있다. 근교산의 기능에 대한 인식 조사에 따르면 산림으로서의 기능과 도시 오픈 스페이스로서의 기능이 모두 중요하게 인식되고 있는 것으로 파악된다. 한국인들은 산림의 기능 중 재해 방지(27.1%)가 가장 중요하다고 하였고, 생활환경 개선(15.9%)과 휴식공간 제공(13.2%) 등이 그 다음으로 중요하다고 하였다. 한편 산을 위협하는 가장 큰 요인에 대해 일반 국민의 경우 자연재해 이외에는 주택 및 산업용지 등 타용도 개발의 압력(13.6%), 전문가의 경우 개발 및 보존을 둘러싼 다양한 요구와 이해당사자 간의 갈등(22.0%)을 응답하였다.39) 이는 도시공간 기능에 따른 산림의 훼

---

39) 한국갤럽조사연구소(2015)에 따르면, 일반 국민과 전문가 집단은 우리나라 산림 및 산림관리를 위협하는 요인으로 「소나무재선충병 등 산림 병해충」(일반 국민 34.5%. 전문가 36.0%)를 가장 많이 꼽았고, 그다음으로 일반 국민은 「기상이변 등에 따른 산불 등 산림재해」(24.9%), 「주택 및 산업용지 등 타용도 개발 압력(13.6%)」 순, 전문가는 「개발 및 보전을 둘러싼 다양한 요구와 이해당사자 간 갈등(22.0%)」, 「기상이변 등에 따른 산불 등 산림재해(17.5%)」 순으로 응답하였다(1순위 기준임).

손 문제를 매우 크게 인식하고 있으며, 근교산의 전통적인 기능 이외에도 도시공간 기능에 대한 문제가 사회적으로 드러나고 있음을 보여준다.

공간으로서 근교산의 이해

앞서 근교산은 전통사회에서 풍수지리사상에 의해 상징적 의미가 중요한 곳이었고, 근대 이후에는 도시공간을 형성하는 하나의 구성 요소로서 물리적 상태와 기능적 가치가 변화되고 있음을 살펴보았다. 전통사회의 근교산이 인식 속에 존재하는 공간으로서의 의미와 가치를 공유하였다면, 근대 이후의 근교산은 활용적 측면에서 생태환경, 여가공간, 주거지 개발 등과 기능적 측면에서의 가치가 강조되는 것이다. 이러한 시간의 변화 속에 근교산이 가지는 의미와 기능이 변화되었음을 알 수 있었다.

칸트는 애초에 공간과 시간은 물적인 대상이 아니라 인식의 틀로서 사유된다고 하였다.[40] 또한 그는 공간 개념을 '대상'이 아니라 '인식 수단'으로 바라보았고, 이러한 접근에서 공간 개념은 유동적이고 다원적인 대상이 될 수 있다고 하였다. 근교산을 대상으로서 바라본다면 그 형태적인 측면은 변화되지 않는 지속적이고 물리적인 현상을 나타내고 있지만, 인식의 틀로서 바라본다면 시대에 따라 다양하게 변화되는 공간이 되는 것이다. 인식의 틀에 의한 다양성으로 인해 공간은 근대 이후 모든 영역에서 다루어져 왔다. 특히, 언어

---

40) 권오혁, 김남주, 김두환, 김창현, 김한준, 손정원, 김창현, "공간의 개념정의에 관한 온라인 토론", 『한국공간환경학회』 21(2), 2011, p.278.

학, 문학, 철학, 사회학, 지리학 등의 개별 분야에서 그 의미가 다르게 적용되어 왔다.[41] 마르크스 슈뢰르(Markus Schroer)는 시대적 변화에 따라 다양하게 인식되어 나타나는 공간을 이해하기 위해서는 공간이 무엇인가를 논하기보다는 궁극적으로 역사 속에서 어떻게 이해되어 왔는지를 살펴보아야 한다고 하였다.[42] 인식의 틀이라 함은 물리적인 것에 인간의 사고와 생각이 반영되었음을 의미한다. 곧 어떤 공간을 이해하는 것은 인간적 실천에 의해 좌우될 수 있고, 따라서 공간의 본질을 알아내는 것은 인간적 실천에 의한 것이라고[43] 볼 수 있다. 이러한 다양한 관점에서 근교산을 이해한다면 근교산은 인간과 자연이 관계를 맺으며 형성된 공간으로서 물리적인 현상뿐 아니라 인식에서 나타내어지는 의미가 파악되어야 한다. 권오혁 외(2011)는 공간을 추상적 공간, 실재공간, 의사공간으로 구분하고, 다시 실재공간을 순수공간과 구성공간으로 분류하였다. 그에 따르면 근교산은 물질과 에너지, 심지어 동식물 생태계와 인간 사회를 내포하는 구성공간으로 볼 수 있다.

공간의 본질을 이해하기 위해서는 물리적 공간과 인지적 공간의 상호 관계 속에서 해석되어야 한다는 연구가 이루어지고 있다. 주로 이러한 연구들은 어떤 시점의 공간이 주는 의미를 파악하고, 이를 현대적 관점에서 해석하고자 하였다.

이러한 방법에 의한 연구를 시도한 고동환(2006)은 조선 후기 서울을 물리적 공간과 인지적 공간으로 구분하여 이들의 존재 형태와 연계를 파악하고자 하였다. 김해경·김영수(2013)는 마을 숲의 가

---

41) 권오혁 외, 앞의 책, p.252.

42) 위의 책, p.254.

43) 위의 책, p.254.

치를 파악하기 위해 물리적 요소와 비물리적 요소를 분석하였고, 물리적 요소로는 건축 요소와 식물 요소, 비물리적 요소로는 제와 굿, 관리조직, 사회적 규범 등을 분석하였다. 윤문영 외(2010)는 도시림의 변화를 지리정보체계(GIS)를 통한 물리적 공간 변화와 이용 행태를 파악한 인지적 공간으로 알아보고자 하였다. 이연경(2014)은 근대적 도시가로 환경의 형성을 알아보기 위해 물리적 배경과 가로경험에 관한 자료와 사진자료를 활용하고, 동시에 보도자료 분석을 시도하였다. 최근에 시도된 이러한 연구들은 물리적 공간의 해석에 한계가 있음을 파악하고, 인지적 공간에 대한 중요성을 인식하고, 물리적 공간과 인지적 공간의 상호 관계 속에서 공간의 본질을 파악하고자 하는 시도로서 그 의미가 있었다.

본 연구에서는 근교산을 동식물이 존재하는 생태공간 뿐만 아니라 인간과의 상호 관계를 통해 형성된 장, 즉 사회적 현상이 투영된 공간으로서 바라보고 이를 이해하기 위해 물리적 공간과 인지적 공간의 상호 관계를 통해 그 본질적 가치를 파악하고자 한다. 물리적 공간이라 함은 가시적으로 보여지거나 관찰 가능한 것으로서 공간 요소, 시설 요소 및 식재 요소 등을 의미한다. 그리고 인지적 공간이라 함은 정신적인 측면에서 인식과 행태를 통해 표현되는 것으로서 도상자료, 사회적 규범, 행사나 경험 등에서 표현된다. 이들은 공간을 이해하기 위한 분석 요소로 활용하고자 한다.

근교산의 다원적
가치 변화

가치와 근교산

가치란 어떠한 상태나 상황에 대해 인간의 판단이 작용한 것을
의미한다. 가치는 사전적 의미로서 주관 및 자기의 욕구, 감정이나
의지의 욕구를 충족시키는 것으로서, 어떤 현상에 대한 인간의 판
단이 개입되었음을 저변에 두고 있는 용어이다. 가치라는 것은 기
본적으로 옳음, 그름, 좋음, 아름다움 등과 같이 가치 경험으로 표
현되며,[44] 경제학이나 사회학 등에서 전반적으로 가치라는 것은
'중요함'과 '탁월함'이라는 의미가 함축된 용어로 통용되고 있다.[45]
사회과학 분야에서 가치는 개인이나 집단의 필요 또는 욕구의 만족
을 나타내는 기준으로 사용된다.[46]

가치는 평가 주체에 따라 개인적·사회적·자연적·이상적으로
구별되기도 하고, 기능에 따라 수단적 가치, 즉 외재적 가치와 대상
의 속성에 기반한 내재적 가치로 구분되기도 한다.[47] 또한 사물을

---

44) 박찬영, "가치", 『철학과 현실』 철학문화연구소, 1996, pp.222-228.

45) 위의 책, p.223.

46) 윤리학에서는 옳고 그름과 같은 선(善)과 의(義)의 개념을 나타내고, 미학에서는 미(美)의 개념
이 적용된다. 경제학에서는 상품이나 용역이 소비자의 필요를 만족시키는 정도를 말한다(서울
대학교 교육연구소, 『교육학용어사전』, 서울: 하우동설, 1995).

객관적으로 이해하고 관찰과 사실에 근거하여 존재를 규정하는 객관적인 가치와 주체와 관계된 사물로서 사물 뒤의 주관 안에 있는 개념으로 보는 주관적인 가치로 구분하기도 한다.[48] 또한 가치 간의 상대적인 관계에서 가치의 정도에 따라 기본적 가치, 한시적 가치, 보편적 가치 등으로 분류하기도 한다.[49]

이와 같이 가치는 매우 다양하게 표현되고 상대성을 가지는 특성이 있다. 공간으로서 근교산의 가치는 공간의 물리적이고 사실적인 양상에서 관찰되어 나타나는 것과 공간을 경험하는 인간에 의해 개인적·집단적으로 나타나는 인지적인 것으로 구분할 수 있다. 이러한 가치의 양상은 공간이 가지는 다양한 기능과 의미, 인간이 가치판단을 하면서 파생되는 다양성이 존재하면서 복합적으로 나타나는 것이라 할 수 있다. 앞서 공간은 시간과 공간의 변화 속에서 인식의 틀로 이해된다고 하였다. 이러한 배경은 공간에서 물리적인 현상의 변화와 다양한 인간 경험의 변화가 중첩되어 있음을 의미한다. 즉, 다원성이 기후, 지리학적 조건, 역사, 사람들의 기질 차이로 인해 나타나는 것이라고 하였을 때,[50] 근교산은 그것이 입지한 지리학적 위치, 시간 속에서의 생태학적 변화와 주변 환경의 변화, 그리고 이를 이용하는 주체의 변화 등을 복합적으로 반영한다.

이것을 다원성의 자연주의적 관점에서 본다면, 근교산의 가치는

---

47) 박찬영, 앞의 책, p.227.

48) 한국문학평론가협회, 『문학비평용어사전』 서울: 새미, 2006.

49) 기본적 가치란 인간의 존엄성 보장과 같이 대부분의 사람이 바람직하다고 생각하며 근본적인 것으로 보는 가치로서, 다양한 가치가 상충할 경우 선택의 일차적 기준이 되는 것이다. 보편적 가치는 여러 사람이 지속적으로 바람직하다고 생각하는 가치로서, 금전적 욕구, 육체적 쾌락 및 개인의 즐거움 등과 같은 한시적 가치보다 우선적인 선택이 요구되는 가치를 말한다.

50) 조영제, 『다원주의 사회의 기본 덕목으로서의 관용과 그 시민교육적 함의』 서울대학교 대학원 박사학위 논문, 1998, p.29 : Parekh.B, "Parekh, Bhikhu. Moral philosophy and its anti-pluralist bias", Royal Institute of Philosophy Supplement 40, 1996, pp.117-118 재인용.

다양하게 존재하며,[51] 시간의 흐름에 따라 변화하는 특징을 가지고 있다. 근교산이 가진 다원적 관점에 의해 산의 가치와 공원으로서의 가치를 살펴보면, 그 다원성은 더욱 구체적이다. 산의 가치를 체계적으로 분류한 드라이버는 가치를 심리적 가치·건강증진 가치·사회적 결속 가치·교육적 가치·정신신앙적 가치·문학적 가치·상징적 가치·물질공급의 가치·숲의 고유가치 등으로 나누었고,[52] 신원섭(1997)은 산의 가치를 휴양 가치, 문화적 가치, 정신적·종교적 가치, 과학적·연구적 가치, 교육적 가치, 심미적 가치, 심리적 가치, 치유적 가치, 경제적 가치, 존재의 가치로 분류하였다. 산림의 공익적 가치에 대해서는 수원함양, 산림정수기능, 토사유출방지, 토사붕괴방지, 대기정화, 산림휴양, 야생동물보호 7개 기능에 대해 연구되었다.[53]

근교산의 다원적 가치

근교산의 가치는 다양하게 연구되어 왔다. 그중 생태적 가치에 관한 연구가 많이 수행되었는데, 허순호(1987)는 관악산을 대상으로 여가 수요의 증대에 따라 훼손되는 생태계를 보존하는 방안을 연구하였다. 이후에도 생태계 파괴를 최소화하는 관리 방안에 대한 연구가 대부분을 차지하고 있다(이경재 외, 2001; 이수동 외, 2006;

---

51) 조영제(1998)에 따르면, 다원성이란 이와 같은 자연주의적인 관점에서 다원성이 존재한다는 기술적인 다원주의로, 다원성이 바람직하다는 규범적인 다원주의보다는 그 존재적인 것에 의미를 두는 것이다.

52) 임경빈, "현실 속의 산림철학", 『숲 속의 문화 문화속의 숲』 서울: 열화당, 1997, p.53

53) 김종호, 김래현, 윤호중, 이승우, 최형태, 김재준, 박찬열, 김기동, "산림공익기능의 경제적 가치평가", 『한국산림휴양학회지』 16(4), 2012, p.10.

이형욱, 2012). 2004년부터 산림청은 도시림 및 도시숲 운영에 대한 연구(산림청, 2007; 산림청, 2008; 산림청, 2013)를 추진하여 도시 내 자원으로서 산림의 새로운 가치를 파악하고자 하였다. 관악산의 생태적 가치에 대해서는 관악산의 암석지형에 대한 특징과 다양한 식생구조, 대기오염 저감, 보전 가치 등에 대한 연구가 있었다. 김준민(1977), 김준호·유병태,(1985), 김태욱·전승훈(1989), 장재훈 외(2013) 등은 식생의 다양성을 연구하였는데, 계절과 위치에 따라 달라지는 관악산의 경관적 가치가 있는 것으로 나타났다. 또한 자생식물 식생에 대한 연구(신미란, 2007; 이홍천, 2014)와 생물보전권역 지정에 대한 연구(이호영 외, 2012; 오현경 외, 2015)를 통해 관악산은 다른 산과 차별화된 생태자원과 희소성의 가치가 있는 것으로 파악되었다. 또한 대기질에 대한 연구(안원영, 2000; 이정현, 2003; 이정현·김경렬, 2008; 윤호균 외, 2009)를 통해 도시공해를 저감하는 가치가 있음이 밝혀졌다.

산의 공간적 특성 및 이용에 관한 연구를 살펴보면, 도시자연공원 지정에 따른 이용객의 행태와 선호 및 만족에 관한 연구가 많은 비중을 차지하고 있고, 위락 가치를 증명하기 위해 다양한 계량적 접근 방법을 시도한 연구들도 수행되어 왔다. 강신용(1995)은 우리나라는 전통적으로 경치 좋은 계곡을 비롯한 정자나무, 공동우물 등에서 서민의 위락 활동이 이루어졌으며 공원의 역할을 하였다고 한다. 경치 좋은 계곡은 주로 근교산에 위치한 명승지에 해당되었다. 정인숙(2009)에 따르면 인왕산의 필운대는 조선시대 여가문화의 발생지라고 하였다. 또한 황기원(2009)에 의하면 조선시대 양반들의 여가활동은 주로 별서, 누정 등에서 이루어졌는데, 내사산 계곡 주변의 산기슭에는 많은 정자가 조영되어 있음을 알 수 있다.

김현 외(2002)는 대모산 이용자를 대상으로 만족도 기초조사를 실시하여 도시자연공원의 개선 방향을 제시하였고, 반기민 외(1999)와 심준영 외(2006)는 이용자의 특성에 대한 연구 등을 통해 노인이 산을 방문함으로써 심리적 안정을 얻는다는 결과를 얻었다. 이영아 외(2000)는 장애인이 자연과의 접촉과 조용한 공간을 요구한다는 것을 밝혔으며, 유기준(2011)과 김재준 외(2011)는 등산 활동에 따른 등산로 만족에 관한 연구를 진행하였다. 이처럼 근교산의 여가휴양적 가치는 공간적으로는 명승지나 도입 시설에 따라 다르며 이용객의 활동과 선호 및 만족에 따라 그 개인적 가치가 표출되었던 것이다.

상징적 가치는 성산(星山)에 대한 의미부터 변화되기 시작하였다. 전통사회에서 근교산은 지리 및 지형적 측면에서 풍수지리적 가치가 있었는데,[54] 관악산은 한양 입지 선정에 기틀이 되는 장소였다. 현대에서는 산의 시각적인 경관 요소가 도시의 이미지에 관여하고 있는데,[55] 이는 서울의 스카이라인을 형성하는 요소가 산이고 서울의 랜드마크가 산이기 때문이다. 서울시정개발연구원(1994)의 서울의 경관 이미지 조사에 의하면, 서울을 대표하는 경관은 남산(39.1%)이며, 서울을 연상하는 이미지에 대한 외국인들의 의식조사에서도 대표 경관은 남산, 남대문, 한강, 올림픽 등의 순으로 나타났고, 서울의 각 자치구를 대표하는 경관에 대한 의식조사에서도 산, 공원, 공공건물, 대학교 순으로 나타나 여러 조사 결과가 유사함을 알 수 있다.

---

54) 박상언, 『무학대사의 풍수도참사상에 관한 연구: 한양 전도를 중심으로』 영남대학교 석사학위논문, 2007.
55) 서울시정개발연구원, 『서울 20세기 공간변천사』 서울: 서울시정개발연구원, 2001, pp.147-148.

근교산은 공공관리를 통해 공공성을 유지하였는데 산림청(2007)은 도시림을 공원녹지와 연계하여 통합적으로 관리하고자 하는 연구를 통해 자원의 경계를 구별하기보다는 자원의 효율적 관리 방안이 필요함을 설명하였다. 그리고 산림청의 생활림조성관리방안, 서울특별시의 제1차 서울특별시 산지관리지역계획 등은 국가와 지자체가 산림을 도시 자원화하려는 고민을 하고 있음을 증명하는 것으로, 이러한 연구들은 토지이용 측면에서 자원의 특성을 파악하고자 하였으며, 소요 예산을 분석하여 경제적 측면을 고려하는 등 정책 방향 설정의 현실화를 위해 노력하였다.

한편, 근교산의 공공관리에 대해 김효정(2012)은 적정 관리 방식에 대한 연구를 통해 근교산이 지자체에 의존하여 관리되는 것의 한계를 지적하였고, 김원주(2009)는 도시자연공원에 대한 시민의식 조사를 통해 주제공원을 조성하는 방안에 관한 연구, 김원주(2014)는 서울 둘레길 관리에 관한 연구를 진행하였다.

한편, 이명박 정부는 일자리 창출 및 신성장 확충의 공간으로, 박근혜 정부는 국민생애 주기별 맞춤형 산림복지서비스 공간으로 근교산의 공적 가치를 강화하고자 하였다. 또한 근교산은 다양한 개별 법에[56] 의해 다원적 기능을 유지하고 관리하여 가치를 지속하고자 한다. 박문호(2001)는 도시자연공원이 도시자연공원구역으로 변경되는 제도적 측면에서의 연구, 서울연구원(2009)은 도시자연공원의 도시관리계획 변경에 대해 연구하였으며, 이정석·조세환(2011)은

---

[56] 서울특별시(2014)에 따르면 서울 산지는 국유림의경영및관리에관한법률 제16조, 국토의계획 및이용에관한법률 제30조 제4호, 독도등도서지역의생태계보전에관한특별법, 문화재보호법, 백두대간보호에관한법률 제6조, 산림문화·휴양에관한법률, 산림보호법, 산림자원의조성및관리에관한법률, 산지관리법, 산지관리법, 수도법, 습지보전법, 야생생물보호및관리에관한법률, 임업및산촌진흥촉진에관한법률, 자연공원법, 자연환경보전법에 의해 관리되고 있다.

도시자연공원구역 지정 및 관리상의 문제점 분석을 통해 제도적 측면에서 도시자연공원이 가진 문제를 해결하려는 연구를 추진하였으며, 이종열(2013)은 산림행정에 법률 변화가 중요한 척도임을 밝혔다. 이 밖에도 관악산을 어떻게 관리할 것인가에 대한 공공관리 방향에 대한 논의가 많이 이루어졌는데, 제도적 관점과 거버넌스를 통한 관리 방향을 모색하고자 하였다.

근교산의 가치 변화와 상호 관계

공간의 가치는 주체에 따라 다르게 형성되고, 가치관은 정책에 반영되어 공간으로 구현된다. 공간은 고정되어 있지 않고, 시간의 진행에 따라 변화된다. 즉, 공간은 가변적이고 변동적이며 속성이 상대적이라는 특징을 가진다.[57] 공간이 가진 속성에 의해 가치는 변화되고 상대성을 띠게 된다. 그리고 이러한 특성으로 인해 근교산의 가치는 동시적으로 다양하게 나타나며, 변화되는 방향성과 서로 영향을 주는 상관성을 가진다. 나각순(1997)의 아래 글을 해석해 보면, 서울시민의 산의 이용의 변화는 근교산의 가치가 과거 '상징적인 공간'에서 현대에 '체험하는 공간'으로 되었는데, 이는 가치가 시간성을 가지고 변화하는 것임을 알 수 있다.

> "서울시민이 경험하는 가장 일반적인 산은 역사성을 가진 주거공간을 배경으로 행락과 도락(道樂)의 장소로서의 자연공간일 것이다. (중략) 서울의 상징으로만 바라보던 산을 이제 몸과 마음으로 직접 체험함으로써 땅에 대한 귀속의식을 실감하는 현장이 되고 있다"라고 하였다.[58]

---

57) 조명래, 『공간으로 사회읽기 개념, 쟁점과 대안』 파주: 도서출판 한울, 2013, pp.43-44.

우리나라에서 근교산에 대한 연구또한 시대성을 반영하여 진행되어 왔다. 조선시대 근교산의 가치를 풍수지리사상이라는 측면에서 연구한 학자로는 조태윤(2010), 이상해(1992), 박상언(2007) 등이 있고, 명승지와 명소에 대해 연구한 학자로는 고춘희(2009), 신동섭(2014), 김대열(2008), 박수지 외(2014) 등이 있다. 그리고 일제강점기를 연구한 학자로 강영호(2010)는 근교산이 풍치림과 치산치수로서 가치가 있었음을 연구하였다. 현대에서는 도시화로 인한 산의 변화 연구(김동실, 2008), 문화 보존 및 활용에 관한 연구(서울연구원, 2004) 등을 통해 근교산의 가치가 시대에 따라 달랐다는 것이 증명되고 있다. 이러한 연구들은 가치가 시대성을 가지고 변화됨을 설명할 뿐만 아니라 같은 가치라 할지라도 각 시대에서 바라보는 시각에 따라 다르게 조명될 수 있음을 설명한다.

앞서 공간은 가치관의 변화에 의해 변화되고 정책에 의해 구현된다는 점을 언급하였다. 이는 정책이 공간의 가치를 변화시키는 데 중요한 요인으로 작용한다는 것을 의미한다. 정책은 다시 말해 사회적 규범이라 할 수 있는데, 사회적 규범에 의해 공간의 가치가 변하는 것이다. 사회적 규범이 공간을 변화시키는 원인이었는지, 공간이 변화되어 사회적 규범이 형성되었는지의 선후는 명확하지 않지만, 동시적으로 일어나기도 하고 선행되거나 후행되기도 하면서 사회적 규범은 가치를 변화시키고 측정하는 데 주요한 요인으로 작용하였다. 즉, 사회적 규범이라는 사회적 합의 형성이 공간의 관계 속에서 가치를 형성하고 변화시킨 것이다.

---

58) 나각순, 앞의 책, p.14.

공간으로서 근교산의 다원적 가치를 찾는 방법

　이론적 고찰을 통해 공간으로서 근교산의 본질적 가치를 이해하기 위해서는 물리적 공간과 인지적 공간을 구체적으로 살펴보고, 그 상호 관계를 파악해야 한다. 물리적 공간은 선행 연구를 통해 시각적으로 관찰되거나 현상으로 보여지는 것을 통해 분석될 수 있음을 알 수 있었다. 물리적 공간은 자연 자원과 인문 자원으로 나누어 볼 수 있고, 그 요소는 다음의 그림 2-3-1과 같이 구분된다. 근교산의 자연 자원에는 식생, 야생동식물, 대기, 지질, 지형 등과 같은 요소가 해당하고, 인문 자원에는 등산로, 문화자원, 공원시설, 사찰 등과 같은 건축물이나 인간이 인위적으로 조성한 시설물 등이 해당한다.

　한편, 인지적 공간이란 물리적 구성 요소에 의해 형성된 새로운 관계성을 공간 사용자의 인지구조에 따라 표현하는 공간 개념을 의미한다.[59] 인지적 공간은 근교산의 공간인식체계에서 나타나는 요소와 사회적 규범에 의해 나타나는 요소로 구분할 수 있다. 공간인

---

59) 이상호, 김태환, "인지적 공간개념에 의한 실내건축공간의 표현에 관한 연구", 『한국실내디자인학회 논문집』 23, 2000, p.133.

식체계에서 나타나는 요소는 산 인식체계, 산의 위상, 산의 입지 및 형태 등 산의 외향적·내향적인 것에 의해 나타나는 것들이고, 사회적 규범에서 나타나는 요소는 소유권, 관리조직, 정책 및 규범 등에 의해 나타나는 것들을 포함한다.

이와 같은 각각의 구성 요소는 인간이 연속적인 경험을 통해 지각함으로써 나타나는 요소로도 이해될 수 있다.[60] 공간 요소에 기반한 활동 및 인식들은 그러한 가치들을 어떻게 사람들이 이해하고 지각하는지 살펴볼 수 있게 한다. 이는 공간 구성 요소가 2차원적이고 평면적인 현상을 이해하는 것이라면, 활동 및 인식 요소는 3차원적인 측면에서, 시간이라는 연속 선상에서 그 변화 양상에 따라 나타나기 때문이다. 일례로 같은 식생자원이라 할지라도 시대별로 식생이 주는 의미와 가치가 서로 다른 것을 알 수 있다.

가치라는 것은 공간의 물리적·인지적 구성 요소에 대한 인간의 판단이 투영된 것으로서, 각각의 구성 요소를 어떻게 받아들이고 있는지에 대한 개인이나 사회의 주관적 인식이 반영되어 있는 것이다. 이러한 측면에서 각각의 구성 요소는 다음과 같은 특성을 가지고 있다.

---

60) 이상호, 김태환, 앞의 책, p.134

그림 2-3-1. 물리적·인지적 공간을 분석하는 구성 요소

생태적 가치는 식생, 생물, 대기, 지질 등의 자연 자원으로서의 가치를 지니는 것이지만, 여기에는 인간과 자연의 유기적 관계와 자연의 존재에 대한 시대적 가치판단이 잠재되어 있다. 이러한 자연 자원에 대한 시대적 가치판단은 산림보호 활동, 나무심기 및 조림사업, 자연탐방 및 자연체험 등으로 변화되어 나타나는 것이다.

여가휴양적 가치는 시설, 명승지, 역사자원 등 시설자원으로서의 가치와 함께하지만, 여기에는 인간이 시설을 이용하고 활동함으로써 소통과 건강 같은 목적을 달성하는 여가관이 잠재되어 있는 것이다. 이는 탐방, 탐승, 위락, 관광, 여가, 교육 등과 같은 활동으로 표현되고, 이에 따라 산은 건강, 교육, 자아 성찰, 휴양 장소로서의 인식적 공간이기도 한다.

상징적 가치는 지형, 지리 등 외향적인 모습에서 드러나는 가치로서, 그 궁극적인 가치는 인간이 판단하고 시대별로 중요한 의미를 두는 것을 말한다. 제의, 조망이나 경관 감상, 랜드마크 등과 같은 것들이 속한다.

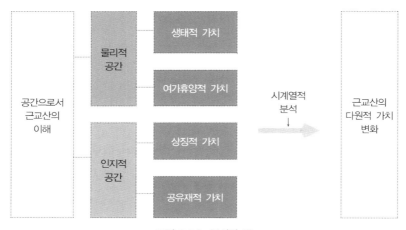

그림 2-3-2. 분석의 틀

공유재적 가치는 소유권, 관리 주체, 사회적 규범 등의 체제에서 나타나는 가치로서, 사람들이 인식하는 사적 가치와 공적 가치에 대한 것을 말한다. 예로서 사회적 규범에서 구현하려는 공유성을 드러내는 활동과 인식을 들 수 있다.

이와 같이 이론적 고찰을 통해 공간으로서 근교산에 대한 이해를 제고하였고, 근교산의 가치가 다원적이며 가치 간의 상호 관계 속에서 변화되었음을 알아보았다. 근교산의 다원적 가치는 생태적 가치·여가휴양적 가치·상징적 가치·공유재적 가치로 구성되어 있고, 이러한 가치는 그림 2-3-2와 같이 물리적 공간과 인지적 공간으로 구분될 수 있다. 이때 자원집약적인 특성에 따라 가치가 드러나는 물리적 공간을 다시 생태적 가치와 여가휴양적 가치로 나누었고, 인간과 자연이 관계를 형성하면서 인간의 가치관 속에 존재하며 체계적으로 드러나는 인지적 공간을 상징적 가치와 공유재적 가치로 나누었다.

근교산의 다원적 가치는 공간뿐만 아니라 시간의 전개에서도 변화되어 나타난다. 우리나라의 경우 조선시대에서 근대, 현대로 이어지는 과정 속에서 그 시대를 지배하는 사상이라든가 다양한 사회적 규범이 변하였기 때문에, 근교산의 다원적 가치는 더욱 다양한 양상을 보였다. 따라서 본 연구에서는 시계열적인 분석을 통해 각각의 구체적인 변화 양상 및 방향성을 알아보고, 가치 간의 상호 영향을 파악하고자 한다.

역사적 전개를 통한 다원적 가치의 이해는 현재에서 그 가치의 근원을 알 수 있게 할 뿐만 아니라, 미래의 변화 양상을 유추함으로써 바람직한 방향성을 설정하는 데 기초적인 자료를 제공하는 분석 모델이 될 것이다.

물리적 공간으로로서의 가치

생태적
가치

생태적 가치가 서구에서 등장하기 시작한 것은 1970년대 환경 위기에 대한 생태학적 차원의 접근이 시작되면서부터이다. 그러나 동양에서는 자연과 인간이 유기적인 관계를 이룬다는 가치관에 따라 그 접근이 달랐다. 근교산은 전통적인 산수관에 비추어 보았을 때 유기적인 관계성에 의한 생태 네트워크로서 가치가 있었다. 1970년대에는 도시화에 따른 무분별한 개발과 환경오염에 대한 위기의식으로 인해 도시의 녹지공간으로서 인간에게 도구적 측면에서 가치가 있었다. 환경 재난이 확산된 20세기 말에는 생태계를 보존하며, 탄소 흡수원이라든가 생물종 다양성 보존과 같은 인간과 생물이 이분화된 관계가 아닌 상생의 측면에서 가치가 있었다.

근교산의 생태적 가치판단은 한국인의 전통적인 자연관과 연계되어 있다. 유교사상이 지배적이었던 한국은 자연을 보호했으며 천인합일 정신에 따라 형성된 산림관이 있어왔다. 전쟁으로 인해 경제적 발전만이 최우선 가치라는 사회적 인식이 형성되면서 도시개발 등에 의해 근교산이 많이 훼손되었지만, 1970년대 생태주의 개념의 등장과 1971년 개발제한구역 지정, 자연보호운동 및 나무심기 등과 같은 치산녹화사업들은 근교산이 도시의 녹지공간으로서 가치가 있음을 제시하기 시작하였다. 1992년 리우회의에서 채택된 생물다양성보존협약으로 인해 인간과 야생생물이 공존하는 지속가능한 환경 조성의 가치가 대두되기 시작하였고, 1997년 야생동물보호구역 지정 등을 통해 생물종 다양성 확보와 지속가능한 발전의 가치가 대두되기 시작하였다.

따라서 본 절에서는 유기적 자연관에 기반한 생태 네트워크로서의 가치, 도시의 오픈 스페이스로서의 가치, 지속가능성에 대한 가치의 측면에서 근교산의 가치 변화와 변화 요인을 살펴보고자 한다.

가치 1. 유기적 자연관에 기반한 생태 네트워크로서의 가치

전통사회의 대표적인 산수관은 산과 강을 중심으로 그 사이의 공간이 생활공간이 됨으로써 다양성과 통합의 원리가 적용되는 조화론적인 국토 인식이라 할 수 있다. 조선 영조 연간의 지리학자인 신경준(1712~1781)의 "하나의 근본으로부터 만 갈래로 나누이는 것이 산이요, 만 가지 갈래가 하나로 합쳐지는 것은 물이다"라는 말에서 산과 강이 국토를 형성함에 있어서 얼마나 중요한 요소였는지 알 수 있다. 특히 우리나라의 대표적인 전통 지리서인 『산경표』[1]와 『택리지』[2]에 따르면, 산과 물은 생활공간, 즉 명당을 결정하는 중

---

1) 『산경표(山經表)』는 조선후기 문신·학자 신경준이 조선의 산맥[山經]체계를 도표로 정리하여 영조 연간에 편찬한 지리서. 역사지리지로서 조선의 산맥 체계를 수계(水系)와 연결시켜 일목요연하게 정리하여 놓은 책으로서, 현재 일반적으로 사용되고 있는 일본인이 분류, 명명한 산맥 구분 및 산맥 명칭 이전의 조선의 전통적인 산지 분류 체계를 파악할 수 있는 점에 중요한 의의가 있다. 규장각도서에 있다. 1913년 조선광문회(朝鮮光文會)에서 활자본으로 간행, 널리 유포되었다. [출처: 한국민족문화대백과사전 홈페이지(https://encykorea.aks.ac.kr/) 산경표(山經表)참조]

2) 『택리지(擇里志)』는 1751년 실학자 이중환이 전국의 현지답사를 토대로 편찬한 지리서로서 우

요한 요소였음을 알 수 있다. 『산경표』에서는 산맥을 중심으로 형성된 산과 강 그리고 그곳에 깃들어 사는 사람과 생명체들을 한 덩어리로 보는 산수관이 있으며, 『택리지』는 지리와 생리(生利), 인심까지 고려하여 명당을 결정하는 산수관을 가지는데, 두 책에서 모두 산과 강의 연계는 매우 중요한 요소로 다루어지고 있다. 이러한 국토 인식은 유교사상을 기반으로 하는 풍수지리사상에 따른 것이었으며 1392년 조선의 도읍을 결정하는 데 중요하게 작용하였다.

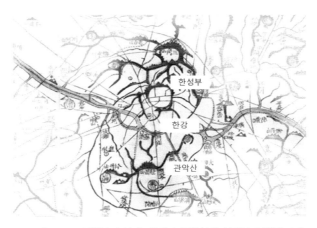

그림 3-1-1. 북한산의 산맥, 한강과 관악산의 산맥이 연결된 모습
자료: 대동여지도에 재작성

그림 3-1-1의 대동여지도를 살펴보면, 관악산의 지형은 북쪽으로는 한강 이남까지 산맥이 뻗어있고 동쪽으로는 우면산이 연계되어

리나라 실학파 학풍의 배경에서 만들어진 대표적인 지리서이며 『동국여지승람(東國輿地勝覽)』을 대표로 하는 종전의 군현별로 쓰여진 백과사전식 지지에서 우리나라를 총체적으로 다룬 팔도총론, 도별지지, 그리고 주제별로 다룬 인문 지리적 접근을 갖춘 새로운 지리지의 효시이다. [출처: 한국민족문화대백과사전 홈페이지(https://encykorea.aks.ac.kr/) 택리지(擇里志) 참조]

있으며 서쪽으로는 호암산, 남쪽으로는 청계산에서 광교산까지 연계되어 있다. 산맥의 굵기나 길이를 살펴보면 관악산이 한강 이남 대부분의 지역에 걸쳐 형성되어 있어 한강 이북의 내사산과 북한산에 견주어도 대등한 면적을 가지고 있다. 산맥의 형태로만 본다면 방사형의 손가락 모양을 띠고 있는데, 그 당시 산맥과 산맥 사이에 곡지가 형성되어 있고 생태적으로 우수한 가치가 있었을 것으로 판단된다.

삼각산에서 내려오는 산맥은 백악산, 인왕산과 연계되어 한강까지 연결되어 있다. 한강 이남 쪽으로 관악산의 산맥이 연결되어 있는 것을 볼 수 있다. 관악산은 산과 물을 연결하는 남북 산맥의 구심점으로, 생태 네트워크로서 중요한 가치가 있었던 것으로 파악된다.

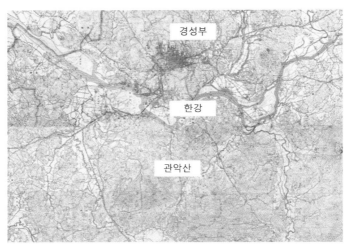

그림 3-1-2. 한강 이북의 시가화로 인한 연결축의 단절
자료: 1919년 육지측량부발행지도 재작성

그림 3-1-2의 일제강점기 지도를 보면, 삼각산에서 내려와 한강

과 연결되는 산맥은 이미 시가화로 인해 네트워크가 단절되어 있는 것을 알 수 있다. 그러나 한강 이남에 한강과 연결된 관악산은 경부선 이남까지 하나의 덩어리로 넓게 분포되어 있는 것을 알 수 있고, 동쪽으로는 우면산과도 연계되어 있어 지금의 양재까지 넓게 분포되어 있다. 또한, 남단으로는 과천을 제외하고 청계산, 광교산으로 연계되어 있는 것을 알 수 있다.

그림 3-1-3. 1968년 서울도시계획용도지구에서 관악산 일대 녹지 지정
자료: 1977 도시계획연혁도 참조

한강과 한강 이남 산맥의 연결은 그림 3-1-3의 1968년 서울도시계획용도지구에도 반영되어 있다. 이에 따르면 한강과 남태령을 따라 녹지지역이 지정되어 있다.

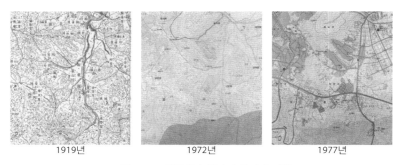

1919년   1972년   1977년

그림 3-1-4. 관악산과 한강의 물길의 변화

자료: 국가지리원 각 연도 지도 참조

그러나 물길을 따라 연계되어 있던 네트워크는 그림 3-1-4에서와 같이 도시개발로 인해 점차 단절되었음을 알 수 있다. 1919년 일제강점기의 지도를 보면 한강의 줄기가 사당리를 통해 남태령 쪽을 향하고 있어 관악산으로 흘러들어 가고 있음을 알 수 있고, 1972년 지도를 보면 물길을 따라 논이 형성되어 있고 산과 물이 논으로 연계되어 있었음을 알 수 있다. 그러나 1977년도 지도를 보면 물길은 남태령로로 변화되었고 논은 시가화로 변화되었다. 1970년대 이후 도시개발 및 주택지 개발로 인해 시가화 면적이 증가하면서 한강으로부터 관악산으로 들어가는 물길이 사라지게 되었으며, 물과 산을 연결하는 전이지대로서의 논도 사라졌다.

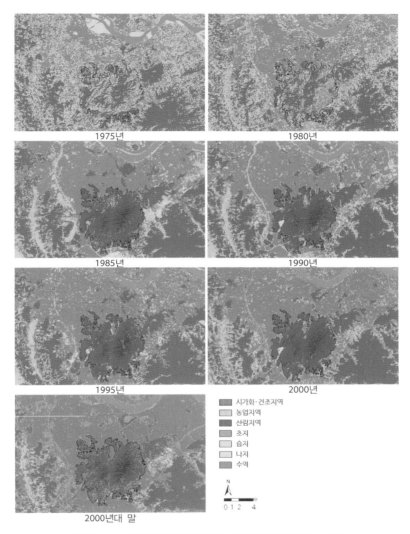

1975년	1980년
1985년	1990년
1995년	2000년

2000년대 말

■ 시가화·건조지역
□ 농업지역
■ 산림지역
■ 초지
□ 습지
□ 나지
■ 수역

N

0 1 2 4

그림 3-1-5. 시가화로 인해 관악산이 주변 산림과 단절되는 과정
자료: 1975~2000년 WAMIS 토지피복도 및 2000년대 말 환경부 토지피복도 참조

그림 3-1-5에서 볼 수 있듯이, 관악산과 주변 생태 네트워크의 분리는 1975년에서 1980년으로 가면서 점차 그 형태가 나타나기 시작하였다. 1985년은 현재 관악산의 여건과 유사한 형태가 완성되기 시작한 시기이다. 서울 쪽 관악산과 안양 쪽 관악산은 1975년부터 1980년 사이에 시가화로 인해 생태계 단절이 나타나기 시작했고, 1980년에서 1985년에 안양 쪽 관악산의 생태계 단절이 나타나기 시작했으며, 과천 쪽 관악산은 1990년대부터 생태계 단절이 나타나기 시작했다. 그러나 2000년대의 토지피복도를 보면 우면산과 청계산과는 아주 근접하게 연결되어 있음을 알 수 있다.

현재 근교산의 산맥 연계 및 산지 형성 정도를 살펴보면 그림 3-1-6과 같은데, 서울은 매우 시가화되어 조선시대 북한산과 한강, 관악산으로 연계되어 있던 녹지축은 단절되어 있어 남북녹지축은 상징적인 의미[3])로만 남아 있을 뿐이다. 그러나 도시 외곽으로 형성되어 있는 환상녹지축은 부분적으로는 단절된 구간도 있지만 산맥으로 연결되어 있어 생태 네트워크가 형성되어 있다. 그러나 산과 물로 연계되어 있던 대표적인 남북녹지축의 단절은 생태 네트워크로서의 가치가 많이 감소되었음을 의미한다.

---

3) 2006년 8월 24일 '용산기지 공원화 선포식 축사'와 2007년 10월 10일 '국립생물자원관 개관식 및 국가생물주권 비전 선포식 축사'에서 노무현 대통령은 북한산과 용산공원, 관악산이 국가의 생태축으로서 중요함을 연설하였다(대통령 기록관 홈페이지(https://www.pa.go.kr/) 기록콘텐츠〉 연설기록 참조).

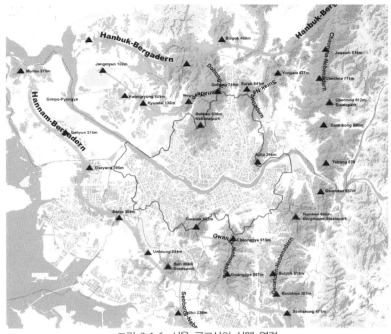

그림 3-1-6. 서울 근교산의 산맥 연결
자료: Hoh,Y.K.(2015) 참조

| 관악까치고개 | 원당고개 | 사당리고개 |

그림 3-1-7. 관악산 생태통로 연결구간
자료: map.naver.com 참조

　　관악산 주변 생태계가 단절된 요인으로는 주거지 및 아파트 개발 등과 같은 시가화와 도로 개발 등의 이유를 들 수 있다.[4] 서울연구원(2015)에 따르면, 서울 쪽 관악산의 경우 도시화나 도로 등으로 인해 관악산에서 우면산으로 이어지는 구간에서 관악구 태령고개 (40m), 관악구 신림동 호암길 일대, 관악구 신림동 신림6 배수지 일대, 동작구 상도동 관악로, 사당로 일대, 동작구 상도동 구암중학교 일대, 동작구 상도동 국사봉중학교 일대, 관악구 봉천동 일대의 생태 네트워크가 단절되었음을 알 수 있다. 우리나라에서는 1995년부터 생태 네트워크를 위해 전국 각지의 도로에 생태통로가 설치되고 있는데, 관악산은 2005년 원당고개 구간, 2006년 관악까치고개 구간, 2008년 사당리고개 구간에 생태통로를 조성하였다(그림 3-1-7 참조).

이러한 생태적 네트워크 연결에 대한 다양한 노력은 점차 그 중요성이 다시 제기되고 있다. 이미 시가화되어 있는 단절된 산맥을 다시 복원하는 데에는 한계가 있다. 국토교통부(2014)는 남북을 연결하는 녹지축의 일환으로 용산공원을 조성하여 녹지공간을 확보하고, 이를 통해 북한산과 남산, 용산공원, 국립현충원과 관악산을 연계함으로써 남북녹지축을 완성하고자 한다(그림 3-1-8 참조).

조선시대의 생태 네트워크는 유기적 자연관에 기반한 산과 물의 연계와 산과 물로 형성된 생활공간의 조성이었다. 시대를 지배하는 사상의 변화로 가치관이 달라지면서 근교산은 도시화에 의한 개발과 훼손을 겪게 되었다. 관악산 생태 네트워크의 단절은 산맥의 단절 뿐만 아니라 산과 물의 연계라는 우리나라의 전통적 지리관에서 비롯된 자연관에 어긋나는 것이라고 판단된다. 1970년대 서구식 생태관의 도입과 전 지구적 차원에서의 지속가능한 발전을 위한 생태 네트워크의 연결은 생태적 가치를 향상시키는 데 매우 중요한 요인 중 하나이다. 현대의 단절된 생태축을 연결하기 위한 소규모 비오톱

---

4) 서울특별시, 『2030 서울시 공원녹지 기본계획』 서울: 서울특별시, 2015, p.276

의 조성, 생태통로 연결 등은 인간의 생활환경을 유지하기 위해 필수적인 요소인 것이다. 이러한 측면에서 그림 3-1-8과 같이 북악산, 경복궁, 종묘, 남산, 용산공원, 국립현충원, 관악산을 연계하는 것은 단지 관악산의 생태적 가치 증진만이 아니라 남북을 연결하는 생태축 복원에 따른 생태적 가치 증진에도 매우 중요한 역할을 할 것으로 판단된다.

그림 3-1-8. 관악산의 남북녹지축 연결계획
자료: 국토교통부(2014) 참조

가치 2. 도시의 오픈 스페이스로서의 가치

행정구역의 변천과 도시화의 확산

전술한 것처럼 근대를 거치며 자연관과 지배 사상의 변화로 인해 근교산은 보호보다는 경제적 이득과 기능을 위한 개발 대상으로 변화하게 되었다. 이는 도시화와 밀접한 관련이 있다. 1394년 한성부 당시 서울에는 내사산에 의해 둘러싸인 면적 250㎢의 구역이었다. 도성 내가 16.5㎢, 성 밖 10리까지의 성외 지역이 약 234.1㎢로 현재 605.1㎢의 1/3 정도 규모였다. 도성은 인구밀도가 매우 높았는데, 조선 초기 약 8만 명에서 숙종 때 약 23만 명으로 인구가 약 3배로 급속하게 증가하였다. 인구밀도의 증가로 조선 후기 한성부는 교외화를 겪었으며, 일제강점기를 지나 공간구조 재편을 위한 도시계획이 도입되면서 행정구역이 확산되었다. 1910년 10월 1일 총독부령 제7호에 의해 한성부는 경성부로 명칭이 바뀌었고, 1936년 구역 확장을 통해 종전 36.18㎢에서 약 3.7배인 136㎢로 늘어났다. 그 당시 인구는 63만 6,300명으로 숙종 때보다 3배 정도 늘어났다.

이러한 경성부의 행정구역 변천은 관악산의 주변 환경 변화에 영향을 미치게 되었다. 경성부의 확산은 영등포구의 공업단지를 형성하면서 한강 이남이 발달하게 되었고, 관악산은 점차 도시화와 밀접한 관계를 형성하게 되었다. 사실 관악산은 전통적으로 도시가 활발히 개발된 곳은 아니었다. 조선시대 관악산 주변의 인구, 산업 등의 사회경제적 여건을 살펴보면, 서울 관악산 지역은 인구가 적었으며[5] 산업이 발달하지 않은 지역 중 하나였다.[6] 특히, 관악산 북사면(흑석동, 본동, 노량진동, 상도동 일대)은 조선시대 때 왕의 행궁이 설치되었던 관악산 남사면(과천, 안양)과는 다르게 노량진 나루터를 중심으로 소규모 취락이 형성되어 있었던 곳이다.[7] 지형적으로도 농사가 적합하지 않은 구릉지였고, 시흥현의 농토 중 2/5만이 논으로 경작했을 정도로 토질이 좋지 않아 약간의 밭농사만 가능한 지역이었다.[8] 세종실록지리지(『世宗實錄地理志』)에 따르면

---

5) 조선 영조 때 『여지도서(輿地圖書)』에 따르면, 금천현 기준 7,763명이었고 정조 13년의 『호구총수(戸口總數)』는 1,268명으로 인구수가 매우 적은 것을 알 수 있다. 조선 후기 고종 32년(1895) 지방제도 대개혁에 따라 현이 군이 되어 시흥현은 시흥군이 되었는데, 이때 인구수가 5,689명으로 매우 적은 것을 알 수 있다(서울특별시 관악구(1996), p.393 참조).

6) 서울특별시 관악구, 『관악 20년사』 1996, p.174

7) 김동실, 『서울의 지형적 배경과 도시화 양상』 한국교원대학교 박사학위 논문, 2008.

8) 서울특별시 관악구(1996), 위의 책, p.172

"땅이 기름지고 메마른 것이 반반씩되며 백성의 풍속이 대개 어리석다"라고 하였을 정도로 관악산 주변은 그 시대의 대표적 산업인 농업의 기능이 매우 미약하였고, 이로 인해 주변에 인구가 많이 사는 곳은 아니었다.

그림 3-1-9. 일제강점기 경기도
자료: 서울역사박물관 참조

그림 3-1-10. 1919년 관악산 주변 지도
자료: 국토지리원 1919년 지도 참조

조선 후기 도성 내에 상업이 발달하고, 도시 성장에 따라 교외화가 나타났다. 이 당시 관악산 쪽으로 교외화가 얼마나 발생했는지는 알 수 없지만 일제강점기의 관악산 인구밀도를 보면 매우 저조한 것을 알 수 있다.9) 그러나 일제강점기에 관악산은 시흥군에 통합되어 관리되었다.10) 이 당시 시흥군은 경성부와 인접한 지역으로 시흥군

---

9) 1933년 말 시흥군 동면 봉천리와 신림리의 면적은 총 25,797,286㎡로 후에 관악구 지역에 포함된 남현동 지역을 감안하면 현재의 관악구 면적(29.57㎢)과 거의 비슷하다. 그러나 인구는 1928년 1,881명에서 1933년 2,103명(봉천리 1,86명, 신림리 1,017명)으로 5년 사이 불과 22명이 늘어난 정도였다. 인구밀도가 평균 1,545.05평/인으로 매우 낮은 곳이었다(서울역사편찬원, 『서울통계자료집(일제강점기편)』, 1993, p.102-103, 106-107)

10) 일제강점기 1914년 3월 1일부터 시행된 총독부령 제11호인 「도의 위치·관리구역 및 촌군명칭·위치 관할구역」에 의해서, 삼국시대 이래로 1천 4백여 년간 정립되어 내려오던 시흥 금천,

과 경성부는 경기도 관할구역에 있어[11] 관악산은 경성부의 근교지역으로 매우 가까운 지역이자 지금보다 위성도시로서의 기능은 높았을 것으로 판단된다. 그림 3-1-9를 보면 경성을 중심으로 과천이 지금의 위성도시처럼 크게 표시되어 있고, 경성에서 남태령을 따라 과천으로 가는 길이 표시되어 있어 경성부에서 이동 시 관악산은 매우 인접했을 것으로 판단된다.

1919년 일제강점기 때의 지도인 그림 3-1-10을 살펴보면, 한강 이북인 경성부의 도시화가 한강 이남 영등포동 쪽으로 확산되는 모습을 볼 수 있다. 이 당시 주로 영등포구를 중심으로 개발이 이루어진 것을 알 수 있는데, 관악산 기슭이 한강과 경부선이 인접한 부분까지 넓게 분포되어 있어 영등포에 매우 가깝게 형성되어 있는 것을 알 수 있다. 그림 3-1-10의 지도를 자세히 보면 경부선과 관악산이 인접한 곳의 토지가 경작지로서 활용되고 있는 것을 알 수 있다. 이는 그 당시 영등포구가 공업지역으로 이용된 것과 상대적으로 개발이 늦은 것으로 판단되는데, 그 배경에는 신림동과 봉천동이 대부분 산기슭에 해당하는 곳으로서 경사가 가파를 뿐 아니라 물을 구하기 어려운 여건으로 인해 주거지 형성이 어려웠기 때문이다.[12] 더욱이 일제강점기 초기 인구의 97%가 농림 및 목축업에 종사하고 있었는데, 1930년대 후반기까지 안양, 영등포 일대에 공장지대가 생성된 것과 상관없이 관악구 지역에는 공업에 종사하는 사람이 단 한명도 없었다.[13]

과천, 안산 3군은 시흥군에 흡수 통합되었다.

11) 경기도청 홈페이지(http://www.gg.go.kr) 참조

12) 김동실(2008), 앞의 책, pp.124-128.

13) 서울특별시 관악구(1996), 앞의 책, p.181

또한, 그림 3-1-10를 살펴보면 관악산 서북부에 해당하는 지금의 조원동, 신사동, 신림동 일대와 관악산 입구와 가까운 대학동을 중심으로 경작지가 조성되어 있고, 경부선을 따라 금천구 지역과 안양의 비산동, 과천의 문원리 일대에도 경작지가 조성되었던 것으로 파악된다.

그림 3-1-11. 1969년 관악산 정상에서 바라본 한강 방향
자료: 서울시 관악구청장(2010), pp.26-27.

일제강점기 때만 하더라도 개발보다는 관악산의 원시적인 모습이 남아있었고, 시가화 면적보다 산림 면적이 훨씬 넓은 비율을 차지하고 있는 것을 알 수 있다. 그림 3-1-11을 보면 알 수 있듯이, 1960년대까지만 해도 관악산 주변은 한강 이남까지 산으로 이루어져 있음을 확인할 수 있다.

도성 안을 중심으로 성장하던 서울의 외곽화가 본격적으로 시작된 것은 1960년대 도심 철거민의 집단 이주 정착지 조성 정책이 실시되면서부터이다. 관악산 산비탈 위의 신림·봉천동을 비롯해 북한산 산지 사면의 상암동과 홍은동, 불암산 사면의 상계·중계동 등에 철거민 정착지가 조성되었고, 근교산은 주거지가 되었다(그림 3-1-12 참조).[14]

신림동 난민촌(1966)
자료: 서울특별시사편찬위원회(2005) 참조

서울시 철거민 이주정착단지조성을 위한 일단의 주택지 조성사업 시설 결정(1972. 08.23)
자료: https://opengov.seoul.go.kr/seoul/1201643 참조

그림 3-1-12. 관악산 철거민 주거단지 관련 사진과 문서

관악구 지역은 1963년 9월 용산구 해방촌 철거민이 신림동 철거민 수용소로 집단 이주하면서부터 본격적으로 주거지를 형성하기 시작되었다.[15] 1963년 6~8월까지 신림동 1,634~1,636번지 일대와 도림천변 시유지에 모두 입주되었다. 1965년 수해로 인하여 동년 7월 27일 1억 4,476만 원으로 관악구 봉천동에 국유임야 8만 평을 확보하여 30평 건물 100동 건축 및 300가구 수용 계획을 발표한 후 3,624가구를 이주시켰다.[16] 이때부터 임야를 주거지로서 활용하기 시작하였다. 4,700여 평에 간이주택 45동 450가구분을 건

---

14) 서울시정개발연구원, 『서울 20세기 공간변천사』, 서울: 서울시정개발연구원, 2001, p.270
15) 서울특별시 관악구, 앞의 책, p.281.
16) 서울역사편찬원, 『시사자료Ⅲ』, 서울: 서울특별시사편찬위원회, 1987, pp.315-316

립하였는데, 그해 450가구가 본격적으로 1966년부터 1968년까지 A지구, B지구, C지구, 철도단지, 밤골, 산동네, 화재민촌 등으로 불리는 대규모 철거민 집단 정착촌으로 이주하였다. 이를 계기로 신림동은 서울을 대표하는 철거민 이주 정착단지가 되었고, 이주 가구는 총 11,660가구, 인구수는 약 50,000여 명17)으로 추정된다. 대표적인 철거민 이주지인 난곡마을은 상하수도시설과 전기시설이 없었고, 1990년대까지도 공동 화장실을 사용할 정도로 열악한 주거 환경인 대표적인 달동네였다. 그럼에도 불구하고 이주민 주거단지는 산비탈까지 불량주택이 빼곡히 들어차 있어 관악산 배후에 사는 사람들이 얼마나 가난한 사람들이었는지를 알 수 있다. 1960년대에 조성된 철거민 주거단지의 주소지는 결과적으로 그림 3-1-13에서 보여지는 바와 같이 대부분 산기슭에 위치하고 있는 것을 알 수 있다. 해석해보면 우선 이 사업들이 공공주도로 산림을 주거지로 이용했다는 점과 이를 위해 국유림을 훼손했다는 점을 알 수 있다.

---

17) 1가구당 4인 식구를 기준으로 산정함.

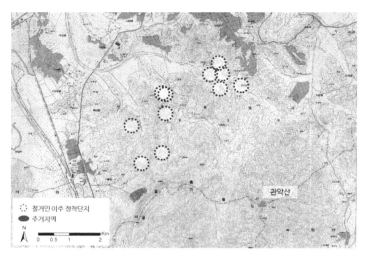

그림 3-1-13. 1960년대 관악산 철거민 이주 정착단지 현황

자료: 『관악 20년사』 참고하여 1966년 지도에 필자 재작성

표 3-1-1. 신림토지구획정리사업에 따른 임야 정리면적

지목	구분	신림동	봉천동	사당동	계
임야	면적(㎡)	63,547.1	484,274.4	106,760.3	654,581.8
	전체 면적 대비 임야비율(%)	12.33	37.11	14.29	25.49

자료: 『관악 20년사』 참조하여 필자 재정리

관악산에 주거지가 본격적으로 형성된 것은 1970년대에 시작된 신림토지구획정리사업에 따라 주거지가 생겨나면서부터이다. 1965년과 1970년 인구를 비교하면 1965년 1,900가구에서 1970년 26,351가구로 약 14배가 증가하였는데, 공식적으로 집계되지 않은 철거 이주민 이외에도 무분별한 주택이 양산되었으며 이에 따라 서울시에서 인구집중 문제를 해결하기 위해 도심으로부터 반경 15㎞ 내에 있는 개발 가능 지역을 대상으로 주택지 조성을 서두르게 된

것이다.[18] 결과적으로 신림토지구획정리사업과 추가로 실시된 신림 추가지구 토지구획정리사업으로 인해 총 임야 면적 654,581.8㎡가 환지되었다. 소유권을 살펴보면 1차 사업 기준 임야 면적 중 민유지가 342,342.8㎡, 국유지가 502.5㎡, 시유지가 2,744.8㎡, 미등록지 1,259.5㎡로 민유림에 대한 주거지화가 많이 이루어진 것이다 (표 3-1-1 참조).[19]

토지구획정리사업 이외 민간에 의한 택지개발사업도 1970년대 들어와서 활발하게 이루어졌다. 1970년 9월 봉천6동 산 76번지 일대 5,500평의 주택단지조성사업을 중앙개발에서 인가받아 착수한 것을 시작으로 동년 10월에는 봉천동 산 17번지 일대 약 5만여 평의 국회법사위주택단지개발사업이 시작되는 등, 1978년까지 모두 15개 지역 29만 평에 이르는 광대한 면적의 택지가 조성되어 관악산을 배후로 한 최적의 주거지역으로 각광받았다(그림 3-1-14 및 그림 3-1-15 참조).

---

18) 서울특별시 관악구(1996), 앞의 책, p.39.
19) 위의 책, pp.214-234.

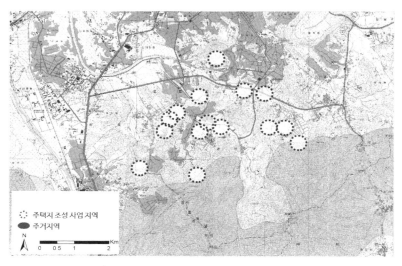

그림 3-1-14. 1970년대 관악산 주거지 조성사업 지역
자료: 『관악 20년사』 참고하여 1973년 지도에 필자 재작성

　　1980년대에는 경제적 성장과 교육 등의 이유로 서울시 인구가 급격히
증가하였고, 관악구 지역은 서울시 전입 인구의 대표적인 초기 정착지였
다. 이와 같은 인구의 빠른 성장은 관악의 도시계획과 환경 개선을 추진
하는 데 큰 어려움을 주어 재개발의 필요성이 대두되었다. 1976년 신문
기사[20]에 의하면 개발제한 표고를 해발 100m에서 70m로 내리려는 계
획을 수립한 적 있는데, 일률적인 철거가 아닌 주거 여건, 녹화 정도, 미
관 상태 등을 고려하여 이를 차등적으로 적용하고자 하였다.

---

20) 경향신문, "高地帶(고지대) 개발제한 표고 海拔(해발)100m서 70m로", 1976.09.03.

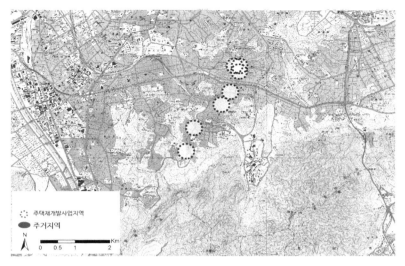

그림 3-1-15. 1980년대 관악산 주거지 조성사업 지역
자료: 『관악 20년사』 참고하여 1981년 지도에 필자 재작성

 이후 1996년 신문기사[21])에 의하면 해발 100m를 중심으로 구릉지 아파트의 고도 제한이라 하여 기존에 10층 이상을 건립할 수 없도록 규정되어 있는 것을 서울시에서 차별화하겠다는 방침이 게재되었다. 즉, 서울의 근교산은 해발 100m를 경계에 두고 100m 이하는 주거지로, 100m 이상은 공원으로 규정하게 된 것이다. 관악산을 제외한 관악구 일대의 청룡산, 장군봉 등 100m 남짓한 산 대부분은 이 당시에 주거지로 많이 개발된 것으로 판단된다.

 1975년 서울대학교의 입지는 산림 면적 변화의 가장 큰 요인으로 볼 수 있다. 1969년 11월 초 박정희 대통령, 홍종철 문교부장관, 최문환 총장 등은 관악골프장을 함께 혹은 단독으로 남몰래 답사하기 시작했는데, 1970년 3월 16일 공식적으로 관악산 종합캠퍼스

---

21) 한겨레, "구릉지아파트 고도제한 완화", 1996.11.9.

부지 결정을 발표하였다.[22] 그 선정 배경은 첫째, 서울 중심지로부터 15㎞ 이내에 위치하고, 둘째 한수 이남 개발 정책과 일치하며, 셋째, 광범위한 활동영역을 보유하고 있고, 넷째, 자연경관이 수려하기 때문이었다.[23] 관악구에는 1975년 서울대학교가 입지하기 전까지 도로라고 할 만한 길이 없었다. 1975년에 종로구 동숭동에 있던 서울대학교가 서울 쪽 관악산의 곡지로 이주하고 관악구에 지하철 2호선이 통과하게 되면서 신림사거리를 중심으로 변화가 일어났다.[24] 이전까지 관악산은 자연 지형을 따라 형성된 협소한 소로만 있었다. 1970년대 신림로, 관악로, 은천로, 낙성대길 등을 비롯한 남부순환로 건설과 지속적인 도로의 형성으로 시흥 안양과 과천이 연계되었고, 1985년 지하철 2호선의 개통은 관악산의 이용객이 광역화되는 계기가 되었다.

1980년대 이후부터는 관악산의 산지가 감소한 것은 경계부의 변화가 지속적으로 이루어졌기 때문이다. 관악구에는 총 57개의 학교가 있는데, 그중에 30개소가 관악산에 인접해있다. 관악산의 경계부를 형성하는 학교는 1980년대에 11개소, 1970년대에 9개소로 주로 70~80년대에 산기슭에 입지하게 되었다. 또한 관공서도 경계부에 입지하면서 학교와 공공기관이 관악산을 둘러싸는 현상을 만들게 된다. 1987년에는 신림동 산 133-8에 약 4,500평 규모의 사업인가(강원의숙)만 있었을 뿐인데, 이는 더 개발이 가능한 토지가 없었을 뿐 아니라 관악산 일대의 경관지는 공원 용지로, 그 중턱 이

---

22) 서울대학교(2006), 『서울대학교 60년사』, p.81.

23) 서울특별시 관악구(1996), 앞의 책, pp.380-381.

24) 추민영 『구릉지 재개발 구역 경계부 특성에 따른 연계방안 설계연구: 관악구 사례를 중심으로, 서울대학교 대학원 석사학위논문, 2011.

상은 개발제한구역으로 묶여 있기 때문이었다.

일련의 주택지 개발사업은 시가화를 형성하는 데 주요한 요인이었으며, 산 경계부를 훼손하고 해발고도 70~100m 이상의 녹지를 보존하는 주요한 요인이기도 했다. 이는 녹지에 대한 희소성을 보존하기 위한 노력으로서 도시 오픈 스페이스의 가치가 부각되는 요인으로 작용하기도 하였다.

녹지 부족에 따른 도시 오픈 스페이스의 가치 증가

그림 3-1-16의 1979년 지도와 1988년도 위성영상을 살펴보면, 도시개발로 인한 시가화로 인해 서울시와 한강 이남 관악산 일대의 산지 면적이 매우 크게 감소한 것을 알 수 있다. 1997년 이후에는 지금의 고양군 일대와 의정부 일대가 매우 크게 변화한 것을 알 수 있다. 서울 산지의 경우 1973년 19,422㎡에서 2010년 15,719㎡로 약 20%가 감소한 것을 알 수 있는데,[25] 가장 변화가 많은 시기는 1973년에서 1990년까지이고 그 이후에는 감소 폭이 줄어들었다. 관악산은 1979년에서 1988년 사이에 매우 큰 변화가 나타난 것으로 파악된다.[26] 그림 3-1-16의 관악산 산지 면적 증감률을 살펴보면 1973년에서 1980년까지 약 22.7%, 1980년에서 1990년이 약 26.6%로 도시개발이 한참이던 시절 근교산의 면적이 급격히 감소한 것을 알 수 있다.

---

25) 각 연도 임업통계연보 참조.
26) 인공위성의 촬영 연도에 따라 실제 연도와 다를 수 있음.

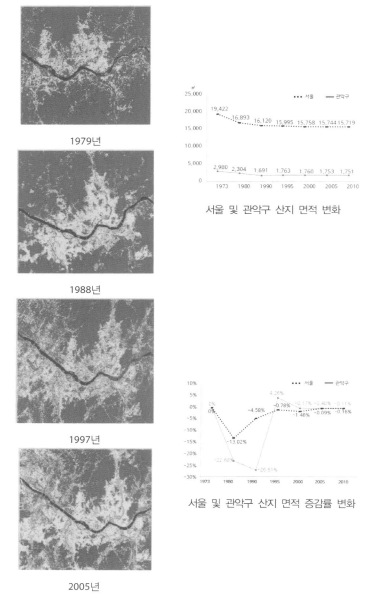

1979년

1988년

1997년

2005년

서울 및 관악구 산지 면적 변화

서울 및 관악구 산지 면적 증감률 변화

그림 3-1-16. 서울 및 관악구 산지의 면적 및 증감률의 변화

서울 근교산의 경우 시가화에 따라 많은 산림이 감소하였으며, 도시 내부에서는 근교산의 산줄기는 도시나 도로 등으로 개발됨에 따라 점차 사라지게 되었다. 서울의 근교산은 외곽을 따라 형성되게 되었고, 이는 도시 구조를 형성하는 틀이자 도시의 녹지공간으로서 매우 중요한 자원이 되었다.

즉, 도시 내부의 녹지 감소로 인해 근교산의 희소성 가치가 증가되었고 도시 오픈 스페이스로서의 기능이 중요한 공간 요소로서 요구되기 시작하였다. 근교산의 보존에 있어 중요한 제도는 1971년 개발제한구역과 도시자연공원 지정을 들 수 있다. 개발제한구역은 도시의 무질서한 확산을 방지하고 환경을 보전하기 위해 설정된 녹지대로서, 도시의 오픈 스페이스를 확보하기 위한 것이었다. 도시자연공원은 개발을 막고 도시민의 이용을 확대하려는 취지의 제도로서 개발과 보전이라는 이분화된 노력으로 인해 서울 기준 면적의 25%가 임야로 보존되어 있으며, 이는 도시의 녹지 기능을 수행하고 있다.

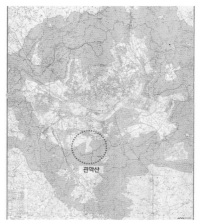
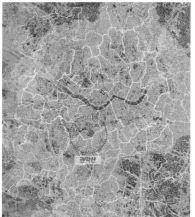

1971년 개발제한구역   최근 개발제한구역

그림 3-1-17. 1971년과 최근 개발제한구역 비교

그림 3-1-17에서 개발제한구역을 비교하면 1971년부터 2020년 현재까지 그 형태가 많이 유사함을 알 수 있다. 이를 통해 개발제한 구역이 근교산을 위주로 지정되었으며, 현재까지 근교산의 형태를 유지하는 데 매우 주요한 요인이었음을 알 수 있다. 이는 도시 오픈스페이스로서 도시환경을 조절함으로써 공해를 감소시키고 도시민들의 쾌적한 환경을 유지하는 데 매우 중요한 역할을 한 것이다. 또한 도시공원 지정으로 인해 근교산이 도시 오픈스페이스로서의 가치를 지속해 왔음을 알 수 있는데, 그림 3-1-18을 보면 근교산 구역과 서울시 공원 현황이 거의 유사한 것을 알 수 있다. 서울의 산지는 도시 외곽과 중심에 일부 분포되어 있는데, 도시 오픈스페이스인 공원이 주로 근교산에 지정된 것을 알 수 있다. 시가화된 부분에는 매우 소규모의 점적인 형태의 공원만 조성되어 있을 뿐 도시 오픈스페이스로서의 대표적인 공원은 근교산에 지정되어 있어 근교산의 도

시 생태 기능 조절이 매우 중요한 가치임을 알 수 있다.

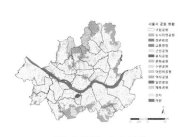
서울의 공원 지정 현황
자료: 서울시 수치지도 참조

서울의 산지 지정 현황
자료: 서울특별시 제1차 산지관리기본계획
참조

그림 3-1-18. 서울의 근교산에 공원이 중복 지정되어 있는 모습

표 3-1-2. 관악구의 도시공원 현황

| 구분 | 총계 | 도시공원 | | | | | 문화공원 | 수변공원 | 기타공원 |
		계	도시자연공원	근린공원	어린이공원	소공원			
면적(k㎡)	10.97	10.96	10.42	0.40	0.08	0.02	0.004	0.03	0.006
비율(%)	100	99.9	94.9	3.6	0.8	0.2	0.0	0.3	0.1

자료: 2020 서울특별시 공원현황 참조

그림 3-1-19를 살펴보면, 관악산은 도시와 도시 오픈 스페이스가 경계를 뚜렷하게 구분하여 형성되어 있는 것을 볼 수 있다. 즉, 손 가락 모양의 관악산이 관악구의 시가화 지역을 감싸는 형태로 도시를 위요하고 있는 것을 알 수 있다. 관악구의 경우 도시녹지의 대부분을 관악산에 의존하고 있다. 표 3-1-2의 관악구의 공원 현황을 살펴보면, 전체 도시공원 중 약 94.9%(10.42㎢)가 도시자연공원에

해당되어 대부분 근교산에 많이 의존하고 있음을 알 수 있다. 이는 근교산의 도시 오픈스페이스로서의 가치가 매우 중요한 요소임을 의미하는 것이다.

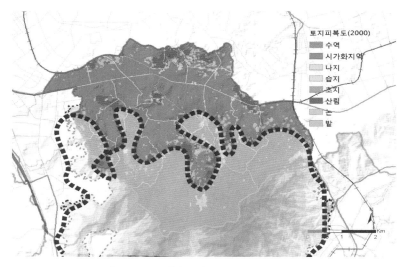

그림 3-1-19. 손가락 모양의 관악산에 위요된 도시
자료: 환경부 토지피복도 참조

가치 3. 생물종 다양성과 지속가능한 발전

식생의 다양화와 경관적 가치

우리나라는 예로부터 풍토와 지력이 좋아 임목 생장에 적합하여 전국 도처에 산림이 울창하였다.[27] 그러나 조선 후기에는 산림이 매우 황폐화되었는데, 19세기 초 정약전의 『송정사의(松政私議)』에

---

27) 강영호, 이천용, 배영태, "구한말 일제강점기 이후 서울의 풍치림조성 및 치산치수 역사", 『산림공학기술』8(1), 2010, p.19.

서는 "땅에서 한 두자 쯤 자라기가 무섭게 나무꾼이 낫을 들고 남들에게 뒤질세라 달려드니 재목이 궁하지 않을 수 없다"라고 하였고, 고종실록에서는 "도끼로 나무를 찍는 것이 날로 심하여 산에 씻은 듯이 나무가 없었을 지경"이라고 하였다.[28] 이렇게 산림이 황폐화되고 민둥산으로 변하게 된 데에는 사회적인 변화가 매우 컸다. 그 당시 국가적으로는 왜란으로 인해 궁궐을 재건하고자 하였고, 양반들도 왜란의 피해로 자신들의 건물을 복구하고자 하였는데, 과거보다 더 잘 짓고 싶어하는 사치스러운 풍조로 인해 목재 소모가 매우 컸다.[29] 지배층의 사치 목적으로 산림 훼손이 증가된 것만큼, 피지배층의 산림 훼손도 심각하였다. 조선 후기에 흉년이 빈번하게 발생하자 소나무의 속껍질을 벗겨 먹거나 솔잎을 따서 죽을 써 먹는 백성들이 매우 많아서 산림 훼손이 전국적인 문제로 등장하게 되었다. 이는 조선시대 산림관리의 권한이 정부에 있었음에도 불구하고 전혀 관리가 되지 않았음을 알 수 있는 대목이다.

산림 재정이 국가 재정의 중요한 부분을 차지했던 조선은 산림의 황폐를 막기 위해 행정 규제와 처벌 위주의 정부 정책을 수행하는 등 강력한 산림보호정책을 수립하였다. 그러나 이와 같은 경직된 체제로는 사회적인 변화를 막을 수 없었다. 조선 후기 산림사점(山林私占)에 따른 사유화와 갈등 야기로 산림관리는 혼란을 겪게 되었고, 1910년경의 산림은 임산연료 채취와 화전 경작 증가 등으로 매우 황폐화되었다.[30] 이와 같은 '생태학적 병목현상'은 많은 환경사학자에 의해 하나의 국가 또는 문명이 몰락할 때 나타나는 두드

---

28) 이우연, "18 · 19세기 산림황폐화와 농업생산성", 『경제사학』 34, 2003, p.34.

29) 김호종, "조선후기의 산림보호 정책", 『인문과학연구』 2, 1999, p.103.

30) 강영호, 이천용, 배영태, 앞의 책, p.19.

러진 징후로 지적된다.[31] 이는 산림사점과 같은 사유화로 인한 공유지의 비극이[32] 산림생태계를 훼손하고 문제를 야기함을 말해주는 것이다.

1910년경 서울의 북한산, 인왕산, 독립문 주변과 성북동 산지 등은 산골(山骨)이 노출되고 토사가 무너져 내릴 정도로 황폐해졌다.[33] 1910년은 황폐된 산림을 조속히 녹화하기 위해 사방복구조림, 일반조림 등과 같은 인공 복구 방법이 도입된 시기였다. 조림용 묘목 육성을 위해 서울 북부지역은 청누동에, 강남 쪽은 관악산 부근인 수원 농림학교(현 서울농대)에 묘포를 설치하여 묘목을 생산하였다.

그림 3-1-20. 관악산의 사방사업촉진전국대회
자료: 국가기록원 1959.11.11.참조

31) Forester, J, , 김구현 역, 『환경과 경제의 작은 역사』 서울: 현실문화연구, 2001(김홍순, 2008, 재인용 : 176).

32) 김홍순, "조선후기 산림정책 및 산림황폐화:시장주의적 고찰과 그에 대한 비판", 『한국지역개발학회지』 20(2), 2008, pp.169-192.

33) 강영호, 이천용, 배영태, 앞의 책, p.19.

1908년 서울 쪽 관악산에 경제적인 시범림 조성사업을 실시하여 35ha를 조성하였고, 시흥 쪽 관악산은 1908~1909년 보안림 조성 사업으로 낙엽송 17ha를 조림하였다.[34] 이때 설치된 묘목은 소나무, 해송, 상수리나무, 사방오리나무 등이었고 이 당시를 임업창시시대(林業創始時代)라고 불러 임업의 효시가 되었다.[35] 관악산은 일제강점기 때에도 중앙정부가 관리하는 조림과 임업의 상징적인 장소였고, 산림자원으로서의 가치가 있는 장소였던 것이다.

관악산은 해방 이후에도 생태계 복원을 위한 조림사업의 대표적 장소였다. 1959년 11월 11일 산야를 녹화함으로써 홍수 등과 같은 재해를 방지하기 위한 사방사업 계획을 수립하였는데, 지금은 서울 쪽 관악산인 경기도 시흥군 신동면 사당리 관악산 기슭에서 정부 수립 후 최초로 사방사업촉진전국대회를 개최하였다[36](그림 3-1-20 참조).

이러한 조림사업은 지속해서 이루어졌다. 서울시는 새 편입지구인 관악산 외 10개소를 비롯한 72개 지구에 총 2,605정보에 330만 그루의 나무를 심는 등 조림을 통한 사방사업 활성화에 노력하였다.[37]

한편, 송충, 솔잎혹파리, 심식충, 독나방 등 산림해충으로부터 산림 피해가 극심해지자 1968년부터 산림병 해충의 조기 발견에 의한 적기방제를 도모하였고, 1970년에 처음으로 관악산을 비롯한 현충사, 한라산 등 주요 지역에서 솔나방 항공방제시험을 실시하였다.[38] 그리고 1968년 산림해충방제 범국민운동, 송충이방제 범국민

---

34) 강영호, 이천용, 배영태, 앞의 책, p.23.

35) 위의 책, p.20

36) 이재학 국회 부의장, 조용순 대법원장, 주한외교사절, 주한 미 경제협조처(USOM) 처장 레이 먼드 모이어(Raymond T. Moyer) 박사 및 사방사업 관계자 등 참석하여 개최함(국가기록원 대통령기록관 1959.11.11 참조)

37) 동아일보, "이천정보(二天町步)에 조림(造林)", 1963.1.10.

운동 등이 관악산을 기점으로 전개되는 등 관악산은 산림자원 관리의 거점이 되었다.[39] 관악산은 일제강점기부터 산림 조림과 병해충 방지 등과 같은 산림자원을 관리하고 유지하는 데 상징적인 장소로서 거점이 되었는데 이는 관악산이 지리적으로 서울과 가깝고 면적이 매우 넓기 때문이었던 것으로 판단된다.

1970년대는 산림정책에 따라 전국적인 치산녹화사업이 시작되고, 사회적으로는 '자연보호운동'이 한참 진행되는 시기였다. 1970년대 공업화가 야기한 오염에 대해 공개적으로 문제를 제기할 수 없었던 정치적 상황, 중앙집권적 경제 개발의 초기 단계에서 나타나기 시작한 지역 불균형 문제, 강력한 국민동원체제로 '치산녹화(治山綠化)'를 진행하고 있던 사회적 조건 등과 같은 전반적인 분위기 속에서, 환경 파괴와 오염을 줄이는 운동이 '자연보호'라는 이름으로 진행되었다.

1970년대 치산녹화사업과 산림보호운동 등을 통해 실시된 조림사업은 목재 사용 또는 임산물 채취 등의 목적보다 공익적 가치[40]가 매우 컸다. 해방 이후 "1970년대부터 시작한 치산녹화계획에서 국민 식수를 전개하여 세계에서 유래가 드문 산림녹화를 단시일 내에 완성"하였고, 이 점에서 "한국의 녹화사업은 세계의 모범"이라고 할 정도로 생태계를 보호하고자 하는 노력은 전 세계적 수준이었다(그림 3-1-21 참조).

---

38) 국가기록원, "송충이 방제 범국민운동 전개", 1970.5.19
39) 국가기록원, "산림 해충 방재 범국민 운동 전개", 1968.5.10
40) 공익적 가치란 산림이 사회 전체에 기여하는 무형의 가치를 말한다.

산림 시범조림지 국민식수(1978)

제2회 육림의 날 행사장(1978)

제21회 식목일 기념행사 시 나무를 심는
아이들(1966)

그림 3-1-21. 1970~1980년대 나무심기 및 자연보호운동
자료:국가기록원 참조

또한, 보도자료에서 나타나는 관악산의 자연보호운동을 분석해 보면 1978년에서 1981년까지 약 3년간 직장인, 어린이, 노인, 시민 등 다양한 사회구성원이 참여하여 산림을 보호하고자 노력했음을 알 수 있다(표 3-1-3 참조).

표 3-1-3. 1978년~1981년 관악산의 자연보호운동 현황

대상	단체	인원수	산	활동	기사
노인	대한노인회	3천여 명	우이동, 관악산 등	청소	1978.10.14
시민	자연보호회 및 유관단체	620만 명	우이동, 관악산 등 전국	청소	1979.3.3
직장인	손보단	300여 명	관악산	자연보호캠페인	1979.3.28
어린이	봉촌동 관내 초등학생	100여 명	관악산	-	1979.10.20
직장인	손보단	250여 명	관악산	나무가꾸기 및 자연보호	1979.11.21
직장인	자연보호회원 및 시민	58만 명	서울 전역의 산, 공원, 유원지 등	자연보호 및 환경정비	1980.3.10
직장인	국세청	-	-	생활환경정비 및 자연보호	-
20대	들 모임	22명	도봉산, 관악산 등	자연보호	1981.1.30
직장인	내무부	30만 명	전국	쓰레기 안 버리기	1981.3.9

자료: 보도자료를 참고하여 필자 재정리

이러한 공공과 시민의 노력으로 조선 후기 황폐화된 산림은 빠른 시일 내에 회복되었는데, 그림 3-1-22를 보면 관악산의 조림은 1985년에 거의 완성되었다고 볼 수 있다. 물론 거의 100년에 가까운 시간이기는 하지만 현재의 생태계는 매우 안정화되어 있다고 볼 수 있다.

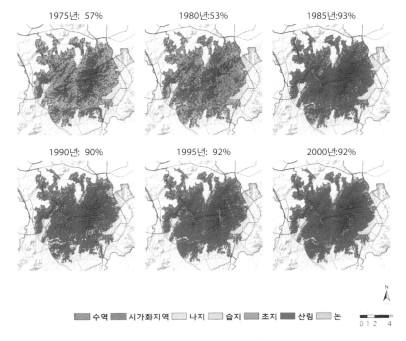

| 1975년: 57% | 1980년:53% | 1985년:93% |
| 1990년: 90% | 1995년: 92% | 2000년:92% |

■ 수역 ■ 시가화지역 □ 나지 □ 습지 ■ 초지 ■ 산림 □ 논

그림 3-1-22. 관악산 구역 조림의 시계열 변화
자료: 각 연도 환경부 토지피복도 참조

1951년 관악산의 식물상 조사에서 481종의 자연식물이 보고되었고, 1959년에는 437종의 자연식물이 보고되었다. 이병괭(1972)은 식생군락을 소나무-신갈난무군락, 소나무군락 및 신락나무군락 등 3개로 구분하고, 신갈나무군락에 좁은단풍, 물푸레, 까치박달, 고로쇠나무 등이 우점종(優占種)으로 발달한 잠재성을 보인다는 연구 결과를 도출하였다.

김석준(1976)은 지표층을 이루는 부엽토(humus) 차이로 인해 관악산의 북사면은 교목림, 남사면은 왜소한 교목과 관목림이 우세하다고 하였다.[41] 김태욱·전승훈(1989)은 등산로를 따라 식생 조사를 실시하였고, 과천향교에서 연주암까지의 코스, 관악수목원~부엉골 계곡~망월암~무너미고개, 신림동매표소 입구~무너미고개~연주암 3개 지역을 조사한 결과 과천향교에서 연주암과 불성사로 가는 코스가 324종류로 가장 식물상이 다양한 것으로 나타났다. 또한 한국 고유의 자생식물로는 산구절초, 박주가리, 용담, 노루발풀 등 4종이 발견되었으며, 멸종 위기의 식물로는 흰모시대, 수원잔대, 큰쾡이팝 등 40여 종이 발견되었다고도 하였다.[42] 이러한 지속적인 식물 다양성은 다양한 식물군락을 형성하였는데, 관악산은 소나무군락, 신갈나무-소나무군락, 신갈나무군락, 졸참나무-신갈나무군락, 상수리나무-졸참나무군락, 갈참나무군락 등 주로 참나무류 군락이 형성되어 있으며, 생육하고 있는 식물은 총 384분류군에 해당된다(김태욱·전승훈, 1989; 장재훈 외, 2013).

---

41) 김석준, 『관악산의 남사면과 북사면의 식피의 비교연구』, 서울대학교 석사학위논문, 1976.

42) 김태욱, 전승훈, "관악산의 식물상", 『The Arboretum, Seoul National University』 14(2), 1989. pp, 1-19.

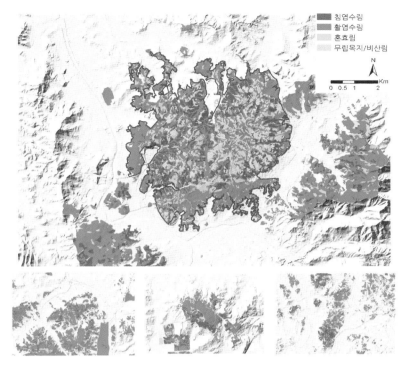

그림 3-1-23. 관악산과 근교산의 식생비교 (위: 관악산, 아래: 대모산, 남산, 아차산)
자료: 2014년 산림청 임상도 참조

　　서울의 근교산은 임상별로 침엽수림 1,370ha, 활엽수림, 7,424ha, 혼효림 4,863ha, 나무가 없는 무림 목지 2,062ha로 이루어져 있다.[43] 서울 산의 대부분은 참나무로 서울시 전체 면적의 6.99%에 해당하는 점에 비추어 보았을때 관악산은 서울시의 식생 분포와 공통적인 특성이 있는 것이다.

　　그러나 그림 3-1-23의 임상도를 보면, 관악산의 경우 혼효림 2,101.5ha, 활엽수림 846.4ha, 침엽수림 626.7ha, 무림 목지 및 비

---

43) 김선미, 『산악문화도시』. 파주: 한울아카데미, 2013, p.69.

산림 526.2ha로 서울의 근교산과 비교했을 때 혼효림이 상대적으로 많고 활엽수가 침엽수보다 많은 비율을 차지하고 있다. 이러한 특성을 보았을 때 관악산의 식생적 특성이 경관 형성에 영향을 미쳤을 것으로 판단된다.

그림 3-1-23을 보면 관악산은 남산이나 아차산, 대모산에 비해 식생의 분포가 더욱 다양한 것을 알 수 있고, 이는 관악산이 근교산보다 경관적 가치가 높은 데 영향을 미쳤을 것으로 판단된다. 또한 침엽수림의 조림으로 사계절 경관이 유지되고 있으며, 무림 목지 및 비산림에 해당하는 바위산의 특성이 식생과 조화를 이루어 다른 근교산과의 차이가 매우 두드러진다. 이는 앞서 지표층에 따라 서울 관악산과 안양·과천 쪽 관악산의 경관이 서로 다른 것에도 영향을 미치는 등, 식물종 다양성이 경관적 가치에 영향을 미치는 것으로 판단된다.

생물종 다양성 확보와 지속가능한 발전

조림을 통한 산림의 회복과 식생의 다양화는 생물종 다양성을 확보하는 데 매우 주요한 요인이었다. 우리나라는 생물종 다양성에 대하여 생태·경관보전지역[44]과 야생생물보호구역을 지정하고 관리하고 있는데, 이는 우리나라의 생태계를 대표하거나 생물종 다양성 또는 경관 및 지형이 우수한 지역에 해당된다. 이러한 생물보호구역은 생태적 거점으로서 역할을 할 뿐만 아니라, 지속가능한 발전에 대한 가능성을 제시해주고 있다. 생태·경관보전지역은 전국에 33개 지역, 283.542㎢가 지정되어 있으며, 서울의 생태·경관보

---

44) 서울시(푸른도시국)에서는 2009년 11월 26일자로 관악상 회양목군락 자생지(군락지 합산 면적 약 3,003㎡)를 서울특별시 생태경관보전지역으로 지정·고시함

전지역지정 후보지는 총 17개소, 야생생물보호구역은 총 7개소가 지정되어 있다.45) 서울의 생물보호구역은 근교산이나 하천에 많이 지정되어 있으며, 이에 해당하는 근교산은 관악산, 청계산, 인왕산, 남산, 불암산, 봉산 등이 있다(그림 3-1-24 참조).46)

그림 3-1-24. 서울의 근교산 생태경관보존지역 및 야생동물보호구역 지정 현황
자료 : 서울특별시(2015), pp.250, 259 참조

관악산의 생태·경관보전지역과 야생생물보호구역 지정 현황을 살펴보면, 2009년 11월 26일 서울특별시 관악구 신림동 산 56-2번

---

45) 서울특별시, 『2030 서울시 공원녹지 기본계획』, 2015, pp.254-255.
46) 서울의 생태·경관보전지역은 한강밤섬, 둔촌동 자연습지, 방이동 습지, 탄천, 진관내동 습지, 암사동 습지, 고덕동, 청계산 원터골, 헌인릉 오리나무, 남산, 불암산 삼육대, 창덕궁 후원, 봉산 팥배나무림, 인왕산 자연경관, 성내천 하류, 관악산, 백사실 계곡 등 총 17개소가 지정되어 있다(환경부 홈페이지 참조).

지 일대 서울대학교 옆 신림계곡을 따라 약 748,178㎡가 회양목군락으로 지정되어 그 가치를 인정받고 있다. 관악산의 야생동물보호구역은 표 3-1-4와 같이 2001년 서울 관악구 제2001-100호 2개소가 지정된 것을 시작으로, 2008년 11월 안양 제99호 2개소, 2008년 12월 과천 제72호 3개소까지 총 7개소가 지정되었다. 지정보호종은 일반야생동식물에 해당한다. 서울은 다람쥐, 청설모, 꿩, 참새가 지정되어 있으며, 경기도 안양시는 꾀꼬리 뻐꾸기, 다람쥐 등 경기도 과천시는 멧비둘기, 까치, 다람쥐, 참새 등이 지정되어 있다. 관악산의 보호종에 포유류와 조류 등이 해당하는 것을 알 수 있다.

표 3-1-4. 관악산 일대 야생생물 보호구역 지정현황('16년 6월말 기준)

시군구	고시번호	고시일 (기간)	소재지	총 면적 (㎢)	종 현황 일반야생동식물
서울시 관악구	서울 관악구 제2001-100호	2001.12.31	서울특별시 관악구 신림동 산 54외 3필지	3.0000	다람쥐, 청설모, 꿩, 참새
서울시 관악구	서울 관악구 제2001-101호	2001.12.31	서울특별시 관악구 신림동 56-2외 4필지	2.0000	다람쥐, 청설모, 꿩, 참새
경기도 안양시	안양 제99호	2008.11.21	경기도 안양시 동안구 비산동 산3-1 외 1필지	4.3200	꾀꼬리, 뻐꾸기, 다람쥐 등
경기도 안양시	안양 제99호	2008.11.21	경기도 안양시 만안구 안양동 산79-3	1.0000	꾀꼬리, 다람쥐 등
경기도 과천시	과천 제72호	2008.12.31 .~해제 시	경기도 과천시 관문동 산11 외 12필지	1.2081	멧비둘기, 까치, 다람쥐, 참새
경기도 과천시	과천 제72호	2008.12.31 .~해제 시	경기도 과천시 중앙동 산12-1 외 1필지	0.1093	멧비둘기, 까치, 다람쥐, 참새
경기도 과천시	과천 제72호	2008.12.31 .~해제 시	경기도 과천시 갈현동 산99	0.2519	멧비둘기, 까치, 다람쥐, 참새

자료: 환경부 홈페이지 (http://me.go.kr/) (야생동물보호구역 2014년 7월 기준) 참조

지정 구역을 지도로 표시하면 그림 3-1-25과 같은데, 생물종다양성으로 지정된 구역이 산 정상처럼 깊은 구역보다는 주연부나 산기슭의 도시와 인접한 부분임을 알 수 있다. 서울 시내 서식하는 생물종은 대략 5,083종인데, 북한산 2,227종, 청계산 1,341종, 관악산 1,210종이 서식하고 있어 관악산은 서울 시내에서도 생물종이 다양한 근교산에 해당된다.[47] 현재 관악산은 그림 3-1-26과 같이 생태 2등급으로 지정되어 있고, 일부 1등급으로 지정되어 있으며, 산 정상부는 별도 관리지역으로 지정되어 있다.

이러한 생물종 다양성의 확보는 생태계 서비스 측면에서 매우 중요한 가치를 제시하고 있다. 생물종 다양성은 생활공간과 인접한 부분에 형성되어 있어 자연과 도시개발이 공존하는 지속가능한 개발의 주요한 자연 자원임을 알 수 있다. 또한 이러한 생물종 다양성은 다양한 식생과 동물이 서식함으로써 환경 교육적 가치에 이바지할 수 있다. "산림이 있음으로써 생물다양성이 풍부해진다. 그러나 같은 산림이라도 아마존 지역에 사는 사람들이 느끼는 산림의 가치와 대도시에 사는 사람들이 느끼는 가치가 다르고, 같은 산림이라도 소득과 교육 수준 등에 따라 느끼는 가치가 다르다"[48]와 같이 산림의 공익적 가치에 대한 생물종 다양성의 의미는 다각도적인 측면에서 판단될 수 있다.

---

47) 김선미, 앞의 책, p.78.

48) 환경일보 "산림의 가치는 상대적이다", 2013.3.29.

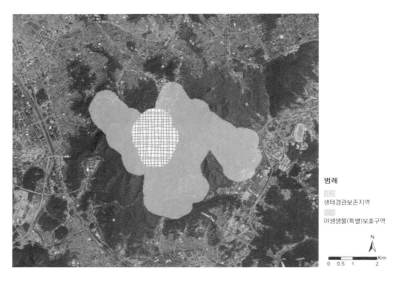

범례

생태경관보존지역

야생생물(특별)보호구역

N
0 0.5 1 2 Km

그림 3-1-25. 관악산의 생태경관 및 야생동물 지정
자료: 국토환경성평가지도 참조

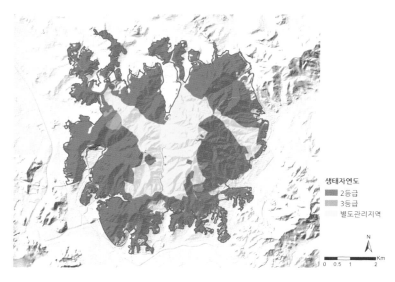

생태자연도

2등급

3등급

별도관리지역

N
0 0.5 1 2 Km

그림 3-1-26. 관악산의 2020 생태자연도
자료: 환경공간정보서비스 참조

여가휴양적 가치

　근교산은 다른 산림자원과는 다르게 인간과의 관계가 매우 밀접한 장소이다. 인간의 생활공간과 가깝게 위치할 뿐만 아니라 다양한 여가시설의 도입으로 이용이 활발해질 수 있다. 이용적 측면에서 근교산의 여가휴양적 가치는 지속적인 변화를 통해 나타났다. 여가와 휴양은 동시적으로 나타나기도 하고, 구별되어 나타나기도 한다.

　관악산은 서울을 대표하는 여가공간이자 이용객이 많이 모이는 장소이다. 다양한 문화재와 체육시설 및 교양시설이 입지하고 있으며, 평일이나 휴일에도 다양한 이용객이 찾는 장소이다. 관악산은 16세기 중반 탐승문화의 확산으로 명승지로서 가치가 있었으며, 일제강점기 때 등산의 도입으로 경성부 도시민들과 시흥지역 주민들의 하이킹, 탐승 코스로서의 역할을 하였다. 전통적으로 물과 산이 연계되어 계곡이 많이 분포되어 있었고, 이를 중심으로 일제 때는 유원지가 조성되었으며 계곡을 중심으로 위락문화가 발달하였다. 1960년대 행정구역의 개편과 도시계획법의 도입에 따른 공원법 제정 등으로 관악산은 도시자연공원으로 지정되었고, 2005년 도시공원 및 녹지 등에 관한 법률 제정 이전까지는 공적 여가공간으로서 그 가치가 구현되었다. 2005년 이후 여가 수요의 증가와 보편적 서비스 등의 사회 변화에 따라 관악산의 다양성과 복합성이 더욱 가치 있게 되었다. 따라서 관악산의 여가휴양적 가치에 대해서는 탐승지로서의 가치, 위락공간으로서의 가치, 여가문화공간으로서의 가치를 알아보고자 한다.

가치 4. 명승지(名勝地)로서의 가치

탐승문화의 확산과 명승지

조선시대 사회문화적으로 정착된 유학사상은 한국 명산문화의 정체성 형성에 변화와 쇄신을 가져왔다. 명산에 대한 태도가 제의적이고 신앙적인 태도에서 도덕적이고 학문적인 태도로 변하게 된 것이다. 유학자들은 유교 이데올로기의 사회적 확산과 함께 명산에 유교 건축과 경관을 구성하면서 장소로서의 이미지를 공고히 했다.[49] 조선 후기 도심 내에 상업이 집중적으로 발달하였고 이는 도시 공간 구성을 변화하기 시작하였다.[50] 상업화의 촉진으로 중간계층인 여항인(여항人)들의 성장은 유흥 문화를 발달시켰고 새로운 도시공간을 창출하는 동력이 되었다.

유흥과 더불어 행락문화가 전개되었는데 이는 특정계급에 국한되지 않고 확산되었으며, 행락 장소의 확산에 영향을 미쳤다. 도심 근교산은 행락 장소에 주요한 역할을 하게 된 것이다.

---

49) 최원석(2014), 앞의 책, p.289.

50) 심한별, 『서울 도심부 도시형태 및 생산활동의 변화에 대한 제도주의적 해석』 서울대학교 대학원 박사학위논문, 2014.

조선시대 여가활동의 특징은 계급과 성별에 따라 다르게 나타났다. 양반계급은 명승지를 유람하거나 명승지에 주거지·누정·별장 등을 조성하여 여가활동을 하였고, 반면에 서민들은 생산활동의 연장선에서 틈이나 짬이 나는 시간에 휴식을 취하거나 씨름을 하는 등의 여가활동을 하였다. 여성들은 사찰을 중심으로 탑돌이를 하거나 단오제 같은 세시풍속에 참여하는 등, 계급보다는 성별에 따라 다르게 나타났다.[51] 조선 중기의 도학자들이 개인의 수신을 위한 목적으로 활동하였다면, 조선 후기의 실학자들은 인격 도약이 가능한 생활권 내 집 근처에 위치한 근교산을 중심으로 활동하였으며, 체계적인 인식의 형성과 더불어 명산기나 산수록 등을 저술하기도 하였다.[52]

명승의 사전적 정의는 '이름난 경치(noted scenery)' 또는 '이름난 경치가 있는 곳'(scenic places)이다. 이 사전적 정의에서 '이름난'이라는 형용사는 일종의 가치판단이 들어간 개념으로서, 인간과 구별되는 독립적 산물로서의 자연경관이기보다는 '한 문화 집단의 관점에서' 다른 경관과 비교하여 상대적으로 탁월한 경관을 의미하는 용어이다. 이러한 측면에서 한국의 명승은 인간이 자연과 밀접하게 관계를 형성한 가운데 사회적으로 빼어난, 아름다움에 대한 집단적 가치가 투영된 경관으로 볼 수 있는 것이다.[53]

조선시대의 대표적 명승지는 그림 3-2-1의 수선전도에서 나타나는 바와 같이 백악산, 인왕산, 남산, 낙산과 북한산 등을

---

51) 황기원, 『한국 행락문화의 변천과정』. 서울: 서울대학교출판부. 2009, pp.35-52.

52) 최원석(2014), 앞의 책, p.292.

53) 전종한, "세계유산의 관점에서 본 국가 유산의 가치 평가와 범주화 연구-문화재청 지정 국가 '명승'을 중심으로", 『대한지리학회지』 48(6), 2013, p.930.

중심으로 분포하였다. 이러한 명산에 대한 도학적 인식과 태도로, 자아를 정립하고 인격을 수양하는 데 자연지리 환경을 적극적으로 활용하였다.54)

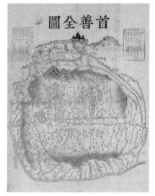

그림 3-2-1. 조선시대 명승지로 지정된
근교산
자료: 수선전도 참조

그림 3-2-2. 근교산에 입지한 정자
자료: 임희지(2014), p.74. p.246. 참조

우리나라는 전 국토에 산이 많은 만큼 그중에서 '이름난' 산을 전통적으로 명산(名山)이라고 불러왔다. 명산이라 함은 인문적 관념과 자연의 산이라는 개념이 복합된 것으로, 이를 이해하기 위해서는 그것을 지칭한 가치관과 세계관의 이해가 선행되어야 한다.55) 유교사상이 지배적이었던 시대라 도심에서 벗어나 자연과 더불어 있을 수 있는 명승지가 자리한 근교산은 대표적인 행락 공간으로 발달하였고, 정자, 누정, 별서 등과 같은 여가시설들이

---

54) 이상필, 『남명학파의 형성과 전개』 서울: 와우출판사, 2005, p.24.

55) 최원석(2014), 앞의 책, p.265.

조성되었다.56) 이 당시 건립된 정자나 누정 등은 주로 내사산의 산기슭에 분포되어 있었는데, 누정의 위치를 살펴보면 조영자의 거주지와 매우 가까운 것을 알 수 있다(그림 3-2-2 참조).57) 서울 사람들의 대표적인 행락 장소가 인왕산에 위치한 '필운대'라는 공간을 중심으로 형상화된 것을 보면,58) 근교산이 여가휴양공간으로서 얼마나 중요한 장소였는지를 알 수 있다.

근교산이 여가공간으로 등장하게 된 것은 주거지와도 밀접한 관계가 있었다. 한성부 주민들은 계층과 직업에 따라 주거지역을 형성하여 살았다. 그리고 조선시대의 주거지는 배산임수사상에 의해 정해졌는데, 산을 뒤에 두고 있는 양반들의 주거지는 근교산을 양반 중심의 행락문화 발생지로서 확산시키는 데 영향을 미친 것이다.

조선 후기에 들어서서 관악산은 명승지로 이름을 날리며 탐방이 확산되었다. 조선 후기는 전국적으로 탐승이 확산되는 시기로서 관악산을 비롯한 전국 많은 근교산의 탐방이 보편화되었다. 또한 관악산은 문인들의 별장이 많았던 금양(衿陽)에 속하는 산으로, 이 주위에 터전을 잡은 문사들의 생활공간이기도 하였다. 금양에서는 일찍이 강희맹(姜希孟)(1424~1483), 이원익(李元翼)(1547-1634)이 태어났다.59)

관악산이 명승지로서 등장하게 된 것은 조선 후기에 들어서면서부터였다. 관악산은 산세가 험준하여 자연의 경개(景槪)를 느낄 수

---

56) 황기원, 앞의 책, pp.141-178.

57) 임의제, "조선시대 서울 누정의 조영특성에 관한 연구", 『서울학연구』 3, 1995, pp.239-243.

58) 고동환, 앞의 책, pp.164-166

59) 김은정, "관악산의 문학적 형상화 연구", 『한국한시연구』 9, 2001, p.124.

있는 심미적 대상이 되었으며, 산수가 수려한 명승(名勝)으로서 가치가 있었다.[60] 반면에 산세가 험하고 행정력이 한강 이남까지 미치지 못한다는 이유로 죄인들이 숨거나 도적 떼가 많이 나타나는 등 부정적인 이미지도 있었다.[61] 도성 안에 위치한 내사산과 비교한다면 한양의 중심에 위치한 인왕산·북악산 등에 문사들이 자주 유람하고 시문을 남긴 것[62]과는 달리 관악산은 한강을 건너야 하는 지리적 여건으로 인해 유람의 장소나 시작의 소재가 되지 못하기도 하였다.[63]

김은정(2001)에 따르면, 비록 북한산이나 인왕산처럼 쉽게 유람을 하는 곳은 아니었지만, 경화사족(京華士族)에 속한 오원, 이천보, 남유용 등은 관악산을 찾아 유람의 시를 남기기도 했다. 그들은 관악산에서 만나는 경개마다 느껴지는 감회를 사실적으로 표현하였다. 관악산의 경개에는 연군(戀君), 연주(戀主)의 마음이 있었으나 유상공간으로 이용한 문인들에게 연군(戀君)의 의미는 탈색되었다. 유람을 하면서 이들은 반드시 시와 술을 동시에 하였으며, 특별한 목적이 없이 마음 내키는 대로 술을 마시고 시를 짓는 등 자연스러운 활동을 하였다.

조선 전기의 문인인 진일재 성간(1427-1456)은 「관악사에서 북쪽으로 유람하다(遊冠岳寺北巖記)」에서 관악사 북쪽의 험준함과 웅장함을 묘사하며 명승지 승경을 통해 답답하던 마음이 풀림을 표현하였다. 이를 통해 관악산 북쪽, 즉 서울 쪽이 남쪽보다 험준하고

---

60) 김은정, 앞의 책, pp.125-126.
61) 조선왕조실록 성종3년(6건) 중종 5년(3건).
62) 강혜선, "한국 한시와 사찰(2) ; 삼각산 일대의 사찰과 한시", 『한국한시연구』5, 1997, p.6.
63) 위의 책, p.124.

웅장했음을 알 수 있으며, 예나 지금이나 마음을 풀고자 하는 심신의 위안과 같은 정서적 의미가 중요했던 것으로 판단할 수 있다.[64)

조선 후기에는 탐방의 확산으로 도성에 사는 문인들도 관악산을 탐방하며 시를 수창하기도 하였고, 관악산 주위에 세거하던 문사들은 여러 편의 기문을 남기기도 하는 등 관악산이 본격적인 탐방의 장으로 이름을 날리게 되었다. 대표적인 인물로는 남인계 문인이었던 이익과 채제공을 들 수 있다. 이들은 관악산을 탐방하고 『유관악산기(遊冠岳山記)』를 각각 남겼는데, 정확한 탐방로는 확인된 바 없으나 기록에 따르면 이익은 불성암에서 영주대로 북상하여 그 일대를 유람하고 돌아왔는데, 바위를 타고 올라 관악사·원각사를 지나 영주암에 이르러 바위 사다리를 타고 간신히 올랐다고 한다.[65)

도락의 장소

1872년 시흥현과 과천현 지도를 보면 조선시대의 명승지와 명소가 기록되어 있는데, 특히 사찰이 그 당시의 명소였음을 알 수 있다. 관악산에는 향로봉과 염불암, 삼성산에는 성주암, 삼막사, 호압사와 호암, 행궁과 객사가 표기되어 있다(그림 3-2-3 참조). 과천현 지도에서는 관악산 남쪽의 명소들이 주로 표기되어 있는데, 관악산에는 연주대, 연대암, 망해암, 불성사, 자운암, 관음사가 있고, 현재의 남태령, 행궁, 읍, 향교 등도 있으며, 만안석교와 시흥통로, 행궁기 등의 길이 표기되어 있다(그림 3-2-3 참조). 조선시대의 관악산

---

64) 신동섭(2014) 『조선 후기 명승에 대한 사실적 이식의 발전-장동 김문을 중심으로』. 한국교원대학교 대학원 석사학위논문.

65) 김은정, 앞의 책, p.124.

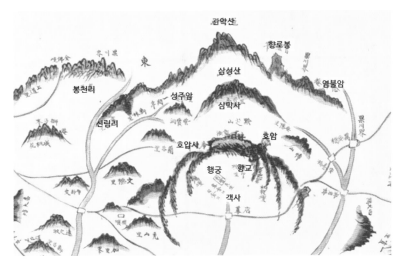

1872 시흥현지도

1872년 과천현지도

그림 3-2-3. 조선시대 지도에서 나타나는 관악산의 명소

자료: 서울대 규장각 한국학 연구소

은 남쪽에 명소가 많았는데, 시흥현 지도를 보면 관악산 기준 동쪽으로 관음사, 호현(狐峴, 남태령),66) 관악산 남쪽으로 아(衙, 관청), 과천향교, 객사(客舍, 온온사), 서쪽으로 불성사, 북쪽으로 연주대 노각서원, 민절서원 등이 표기되어 있다.

이 당시 사찰과 공공기관은 가장 대표적인 시설로서 현재는 진입로와 등산로가 산을 이용하는 중요한 지도 요소라고 한다면, 그 당시는 사찰과 공공기관이 중요한 시설이었음을 알 수 있다.

채제공이 지은 기행문인 『번암집(樊巖集)』에 수록된 「유관악산기」를 보면 탐방로, 주변 경관, 정서적 느낌 등 3가지 측면을 알 수 있다. 첫째, 탐방로는 자하동(紫霞洞)에 들어가 쉬고 길을 떠나 불성암(佛性庵)에 도착하였다. 연주대(戀主臺)라는 높다란 대에 해를 쬐는 것이 괴로워 오래 머무를 수가 없었을 때 조그만 차일을 치고 바위 귀퉁이에 앉아 있었는데 이를 차일암이라고 한다고 기록되어 있다. 둘째, 관악산에서 바라본 주변 경관은 "사방의 많은 봉우리들은 자잘해서 따질 것도 없고 오직 저쪽 가에 싸인 기운이 아득하고 편편한 것은 하늘과 바다가 서로 이어진 것인 듯하나, 하늘로서 보면 바다요, 바다로서 보면 하늘이니 하늘과 바다를 분별하기 어렵다"라고

---

66) 남태령은 서울특별시의 관악구 남현동에 위치한 고개이다. 과천시의 과천동과 서울특별시의 사당역 사이에 있는 큰 고개로 관악산의 북동쪽 능선을 넘는다. ... 지명 유래에 관한 여러 추측이 있다. 정조가 화성 융릉(隆陵)으로 가는 길에 과천현 이방(吏房) 변씨에게 고개이름을 물었다. 그는 이 고개가 본디 여우고개였으나, 요망스러운 이름임에 삼남대로 상에서 첫 번째로 맞이하는 큰 고개라는 뜻으로 남태령이라 대답하였다. 그 이후부터 이 고개를 남태령이라 부르게 되었다는 전설이 전해진다. ...남태령을 지나 삼남대로를 통해 한강을 건너 한성으로 들어가는 길도 파악할 수 있다. 『일성록』에는 조선 정조 연간에 남태령에 관한 기록이 남아 있다.
(한국지명유래집 중부편 지명, 2008. 12., 김기혁, 옥한석, 성효현, 양보경, 전종한, 권선정, 김용상, 박경호, 손승호, 신종원, 이기봉, 이영희, 정부매, 조영국, 김정인, 박승규, 손용택, 심보경, 정암)

그 장황한 경관을 묘사하였으며, "한양의 성과 대궐은 마치 밥상을 대한 것과 같은데, 한 덩어리 소나무와 잣나무가 둘러선 것으로 보아 경복궁의 옛 대궐임을 알겠고"라는 대목으로부터 관악산에서 경복궁 조망이 가능했던 것을 알 수 있다. 셋째, 채제공은 관악산에 오르고 연주암에 앉아 젊음을 과시하고 싶은 마음과 경복궁을 향한 애상적인 마음을 느끼고자 하였다. 채제공은 그가 숭배하던 허목(許穆, 1595-1682)이 83세의 고령으로 관악산에 올라 젊음을 과시하던 모습을 상상하고 부러워한 나머지 이 산에 오를 것을 결심하였던 것이다.

이처럼 전통적으로 조선시대 때 관악산은 개인적으로 자연경관을 탐방하면서 휴양적 가치를 도모하는 장소였다. 관악산은 애상적·유상적 공간으로, 현대적 표현으로 하면 스트레스 해소, 긴장감 완화 등의 효과를 가지고 있었던 것으로 파악된다.

가치 5. 위락공간으로서의 가치

등산문화의 도입과 위락문화의 확산

일제강점기는 우리 민족의 여가활동에 대한 억제와 동시에 새로운 서구식 여가문화와 일본의 여가활동이 도입되었던 시기이다.[67] 일제는 전통적인 우리나라의 민족정신을 약화시키고 새로운 문화를 확산시키고자 하였다. 기존에 근교산을 중심으로 이루어졌던 공동체 여가활동은 금지되었고, 단오[68]나 두레[69] 등의 활동도 점차 사

---

67) 조준호, 이충삼, "일제하 우리 민족의 여가 역사 연구", 『한국여가레크리에이션학회지』 30(4), 2006, p.234.
68) 강정원(2008)에 따르면, 1920년대에 단오는 공동체 세시로 활용하고 있었으며, 1930년대에 갑

라지게 되었다. 이러한 사회적 분위기 속에 신문화군70)이 등장하기 시작하였다. 신문화군 중에 주목할 만한 여가활동으로 등산이 있었다. 등산은 낚시나 승마 등과 같이 기존의 개념이 변화되어 새로운 여가활동으로서 새롭게 등장한 유형 중 하나이다.71)

앞서 살펴본 바와 같이 우리나라의 전통적인 산림관은 유교 이데올로기에 따른 자연합일사상을 바탕으로 하고 있었다. 전통사회에서 양반계급에게 근교산이 도학(道學)의 장이었다면, 서민들에게는 생산의 장이었다. 서민들에게는 산짐승을 잡거나 약초를 캐는 등 생존 수단의 장이었던 것이다. 그러나 등산은 문화와 여가를 위해 이루어지는 새로운 형식이었으며, 기존의 자연관이 아닌 자연을 정복하고자 하는 서구식 개념에 의한 여가활동이었던 것이다. 이는 전통사회에서 자연과의 조화를 통해 세상의 이치를 알고자 하는 자연관과는 전혀 다른 접근이었다.

등산 활동의 도입은 근교산 탐승문화의 보급화와 대중화에 기여한 바가 크다. 등산이 도입된 시기, 즉 일제강점기 때는 등산이라는 것이 지금처럼 대중적이지는 않았다. 등산은 도시의 유산계급72)이나 일부 일본 유학생들이 향유하는 엘리트 문화 중 하나였고, 조선

작스럽게 축소 또는 단절되었다고 한다. 1930년대의 황민화정책이 도시의 단오 쇠퇴에 기여했을 것으로 파악된다고 하였다.

69) 조준호,이충삼(2006)에 따르면 민족 고유의 여가를 없앰으로써 민족혼을 말살하고자 농악과 두레를 탄압하였다고 하였다.

70) 송석하(1960)는 일제강점기의 '신문화군'을 4가지로 분류하였다. 첫째, 서구문화의 영향에 따른 연극, 가극, 음악회 및 음악, 무용, 소설, 댄스 등, 둘째, 서구과학기술의 발달과 이에 따른 영화, 라디오, 축음기, 사진 등, 셋째, 신 스포츠로 정구, 탁구, 축구, 당구, 역도, 골프, 승마 등, 넷째, 새로운 여가 유형으로 등산, 낚시, 화투, 마작, 야담, 歌鬪, 曲馬 등이다. 조준호, 이충삼(2006) p.234. 재인용.

71) 조준호, 이충삼, 위의 책, p,234.

72) 윤해동, 천정환, 허수, 황병, 이용기, 윤대석, 『근대를 다시 읽는다: 한국 근대 인식의 새로운 패러다임을 위하여』, 서울: 역사비평사, 2006, p.37.

의 탐승문화와 혼용되었다. 보도자료 분석에 따르면, 관악산과 등산, 탐승, 탐방 등의 키워드를 검색하면 1920년대부터 등산과 탐승이라는 용어가 모두 등장하며, 1950년대까지는 같이 사용되다가 1960년대 이후부터는 등산이라는 키워드만 등장하는 것을 알 수 있다.[73] 이는 기존의 탐방로를 중심으로 이루어졌던 탐승문화가 등산문화로 변하여 정착되었음을 알 수 있고, 1990년대 이후에 등장하는 탐방의 등장으로 등산 개념이 탐방으로 다시 확장되는 것을 알 수 있다.

조선시대 경승지를 중심으로 이루어졌던 탐승과는 다르게 일제강점기의 탐승은 개인적이기보다는 사회적인 특징이 강하였다. 1920년대 동아일보 기사 중에는 종로 중앙청년회 소년부에서 등산대를 조직하는 기사[74]와 조양소년군이 관악산으로 탐승을 모집하는 기사[75]가 있다. 이 기사들을 살펴보면 특정 집단이 탐승이나 등산이라는 활동으로 모임을 주최하였고 비일상적인 활동으로 계획되었음을 알 수 있다. 그들은 대부분 탐승이나 등산 활동을 통해 새로운 네트워크를 형성하고 모임을 구축하고자 하였으며, 탐승 자체보다는 모임을 결성하는 데 더욱 큰 비중을 두고 있었던 것으로 보인다. 1926년 10월 1일 기사에는 고양군 한지면 이태원리[76]에서 관악산 탐방을 모집하는 내용이 있는데, 이 당시부터 관악산은 서

---

73) 필자의 분석에 따르면 1920~1950년대까지 탐승은 11건, 등산은 10건이 등장하고, 1960년대 이후에는 등산 288건, 탐승 2건, 탐방 13건이 등장하였다.

74) 동아일보 "모임", 1921.3.20.

75) 동아일보 "조양소년군 관악탐승", 1926.10.1.

76) 이태원리(梨泰院里)는 현 용산구 이태원동의 1936년 4월 1일 이전 명칭이다. 이태원리는 1911년 4월 1일 5부8면제의 실시로 경성부 한지면 이태원리로 칭하다가, 1914년 4월 1일 경기도령 제3호로 경기도 고양군 한지면 이태원리가 되었다. 1936년 4월 1일 경기도고시 제32호로 경성부에 편입되어 경성부 이태원정이 되었다(서울특별시사편찬위원회, 『서울지명사전』, 서울: 서울특별시사편찬위원회, 2009).

울, 시흥, 과천에서 접근이 이루어졌던 것으로 파악된다. 1920~
1950년대는 주로 시흥 쪽 관악산과 과천 쪽 관악산에서 접근이 활
발한 것을 알 수 있다. 1955년에는 도시 근교 소풍 코스로서 서울
에서 한강을 건너 서울 관악산과 시흥 관악산까지 이동하였음을 알
수 있다.

경향신문 1955년 4월 17일 기사에 따르면 관악산은 가족 동반을
위한 교외 코스로 소개되었다. 당일 코스로서 시내의 소풍 코스는
남산, 덕수궁인데 반해, 교외(郊外)로 지칭되는 장소로 관악산, 왕
십리, 동대문 등이 소개되었으며, 관악산은 20리 도보길이라 하여
도보를 통해 관악산에 접근하였음을 알 수 있다. 이 당시 관악산은
남한산성, 망월사, 도봉산, 우이동 등과 함께 서울시민의 대표적인
교외 하이킹 코스로 소개되고 있다.

그림 3-2-4의 지도를 살펴보면, 도심을 떠나 한강을 지나 경부선
을 이용하여 안양에 도착해서 안양유원지로 들어오거나, 흑석동에
서 신림동 쪽으로 들어오는 2가지 길이 소개되어 있다. 흑석동에서
도보 20분이면 신림동에 도착하는 것을 보면, 관악산이 지금보다는
흑석동에 가깝게 위치하였을 것으로 보인다.

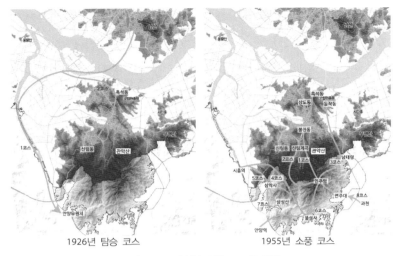

| 1926년 탐승 코스 | 1955년 소풍 코스 |

그림 3-2-4. 관악산 탐방 코스의 변화

광복 이후 관악산은 대표적인 소풍 코스였다. 등산 코스를 소개한 1965년 10월 5일 경향신문 기사는 소풍에서 등산이라는 용어를 사용하였다. 1965년부터는 관악산에 접근하는 코스가 현재와 거의 유사하다. 총 8가지 코스 중 1코스와 2코스는 흑석동 종점, 3코스는 동작동, 4코스와 5코스는 시흥, 6코스와 7코스는 안양, 8코스는 과천을 기점으로 하여 사방에서 모두 접근이 용이하였다.[77] 1965년 서울의 행정구역이 개편된 이후 서울 쪽 관악산에 대한 수요가 더욱 증가하였으며, 관악산이 서울 경기에 걸친 광역적 여가활동공

---

[77] 1코스: 흑석동 종점 3㎞-봉천리 2㎞-연주암도표 4㎞-연주암 1㎞-연굿대(3시간 반 소요), 2코스: 흑석동 종점 3㎞-봉천리 2㎞-신림리계곡 3㎞-불성사로교차점 3㎞-연주암 1㎞-연굿대(3시간 반 소요), 3코스: 동작동 4㎞-남태령부락 4㎞-능선교차점 1㎞-연주암-연주대(3시간 반 소요), 4코스: 시흥 3㎞-호압사 4㎞/삼성산릉선-불성사로지도표 2.5㎞-연주암20분-연주대(3시간 반 소요), 5코스: 시흥역 6㎞-삼막사 1㎞-삼성산(2시간 소요), 6코스: 안양역2㎞-풀(계곡경유5.5㎞)-불성사2㎞-연주대(3시간 반 소요), 7코스: 안양역 2㎞-풀 3㎞-삼막사 4㎞(4코스 경유 4.5㎞)-연주대(3시간 반 소요), 8코스: 과천 4㎞ 용산서 버스편-연주암 11㎞-안양 또는 상도동(4시간 소요)

간이 되었음을 알 수 있다.

1965년에는 서울, 과천, 시흥, 안양에서 관악산으로의 접근이 다각화되었다. 이러한 접근의 다양화에는 교통의 역할이 매우 컸다. 1955년 기사에 의하면 1코스는 경부선을 이용하여 접근하고 있음을 알 수 있는데, 1931년 경부선이 개통되면서 관악산으로의 접근이 활발해진 것이다. 따라서 등산문화의 대중화와 보급화에는 교통의 발달이 매우 큰 역할을 했음을 알 수 있다. 교통의 발달은 탐방활동의 변화에도 영향을 미쳤다(그림 3-2-5, 그림 3-2-6 참조). 즉, 등산을 통해 탐방 코스의 다양화와 광역적 접근의 확대, 탐방문화의 변인으로서 교통의 발달과 대중화 기여, 개인적 공간에서 교류의 장, 가족 중심의 공간으로의 변화가 나타났다.

그림 3-2-5. 서림동에서 관악산 가는 길
자료: 서울시 관악구청장(2010), p.36.

그림 3-2-6. 관악산 깃대봉 가는길
자료: 서울시 관악구청장(2010), p.36.

상업화와 민간 유원시설로서 관악산

그림 3-2-7. 1950년대 안양유원지 입구
자료: https://ngoanyang.or.kr/357 참조

그림 3-2-8. 일본어로 표기된 조형물
자료: 오마이뉴스, 2010.08.15. 참조

관악산 위락시설의 시초는 1932년에 조성된 안양유원지를 들 수 있다(그림 3-2-7 참조). 1932년 일본인인 안양역장이 계곡을 막아 2개의 천연수영장을 만들어 '안양 풀(安養プール)'이라고 명명하였다(그림 3-2-8 참조). 안양유원지는 광복 이후에도 우리나라의 대표적인 행락지로서 역할을 하였는데, 1947년에는 안양유원지의 임시열차 운행이 재개되어 안양풀장이 수리 후 재개장하였으며, 1949년에는 수도권 각급 학교의 학생 단체야영이 시작되었고 임간학교가 운영되었다.

1967년 풀장은 3개소로 확장되었으며 이동 진료소 및 이동 우체국 등의 편의시설이 구축되었다. 그러나 안양풀장은 1971년 개발제한구역 지정과 1973년 도시자연공원 지정에 따른 건축 및 재건축 억제 등으로 쇠퇴의 길을 걷게 되었다. 이후 1977년 안양 대홍수로 시설의 상당수가 파괴되었고, 2000년에 안양유원지 정비 공사로 인해 안양풀장의 흔적은 완전히 사라지게 되었다.[78]

---

78) 임석원, 박성수, "광복 이후 안양 수영장의 여가 콘텐츠적 의미에 관한 고찰", 『한국콘텐츠학

1963년 행정구역 개편에 따라 관악산의 행정구역은 서울시로 편입되었고, 1967년 서울특별시에서 유원지 계획79)이 수립되었다. 관악산에는 이미 한국색도주식회사라는 일반 기업의 투자로 골프장, 케이블카 등의 시설이 유치된 상태였다. 1967년 유원지 계획 조사서에 따르면 그 당시 관악산은 북한산, 도봉산, 우이동, 세검정, 정릉과 함께 유원지, 즉 행락의 공간으로 계획되었다. 관악산에는 이미 골프장 23만 평 18코스, 골프하우스 550평 1개소 2층 등의 시설이 있었고, 소유권 비율은 국유지 0.1%, 사유지 99.9%로 대부분이 사유지에 포함되어 있었다. 그러나 지목은 임야가 96.9%로 가장 많았으므로 근교산은 대표적인 위락 장소였던 것이다. 적극적 여가 활동 시설과 기반 형성을 볼 수 있는 시대별 주요 기사는 다음과 같다.

> 관광객들을 위하여 해방후 최초로 「케블카」가 남산위를 비롯하여 서울근교 육개소에 설치된다. (…) 이러한 계획을 한 전기 「한국색도주식회사」에서는 연차계획으로 (…) 신림동~관악산간 (…)에도 설치할 것이라 한다(동아일보, 서울에 "케불·카" 架設(가설), 1959.08.29).

> 서울시이 관악산 개발계획의 일환으로 만들어진 관악컨트리클럽이 26일 오후1시 김 서울시장의 시구로 개장되었다. 이 골프장은 작년5월 16일 기공 28만평의 대지에 컨트리클럽종합관과 골프장·승마장 및 3천5백m길이의 케이블카와 휴식처 호텔 등이 마련되어 있다. 서울시는 2차로 관악산에 90만평을 종합개발, 묘지공원·화원 등을 마련할 예정이다(동아일보, "관악 컨트리클럽 개장", 1967.08.26).

회논문지』 14(10), 2014, pp.791-793.
79) 『유원지계획 관악산지구』(서울특별시, 1967) 보고서에 의하면, 이 계획은 관악산, 북한산, 도봉산, 우이동, 세검정, 정릉유원지 총 6개를 대상으로 한다.

(…) 총 내장 3백80명으로 가장 많은 골퍼가 찾아들어 스윙과 함께 관악산의 봄 경치를 만끽했다(매일경제, "골프 컨디션 쾌조 즐거운 주말 만끽", 1970.04.28).

위락공간으로서 관악산의 가치는 1963년 행정구역 개편에 따라 관악산이 서울 쪽으로 일부 편입되고 1967년 유원지 계획이 수립되면서 증가되었다. 1970년 새서울약도에[80] 소개되어 있듯이, 서울시가 관악산 유원지 계획을 얼마나 중요하게 다루고 있었는지를 예측할 수 있다. 관악산은 행정구역 개편 이전에 도립공원으로 지정하고자 했던 것과 유사하게 시립공원으로 계획되었고, 동물원, 어린이왕국 등 대규모 유원지 계획을 통해 적극적으로 활용하고자 했던 것으로 판단된다(그림 3-2-9 참조). 즉, 관악산은 영리를 목적으로 하는 레크리에이션 녹지로 인식되었던 것이다.

관악산 뉴스에서는 모임이나 대회와 관련된 기사가 많이 검색된다.[81] 1960년대부터 등산 수요가 증가하면서 관악산에서의 선호 활동과 목적은 '취사' 행위를 통한 '친목 도모'를 꼽을 수 있다. "등산의 진미를 알려면 간단한 취사도구를 준비하여 산에서 밥을 지어먹어야 한다"라는 동아일보 1965년 4월 27일 기사와 "도시락도 좋지만 여럿이 지어먹는 것이 좋다"라는 1969년 10월 28일 기사 등에서

---

80) <새서울약도>는 1970년에 인창서관에서 발행한 지도이다. 지도의 정식 명칭은 <한강의 기적 70년대 새서울약도>이다. 이 지도는 당시 각종 장밋빛 개발계획이 발표되고 하루가 다르게 변해가고 있는 서울의 변화상을 잘 보여주고 있다. 이 지도에는 관악산의 시립공원, 동물원, 어린이왕국과 시민운동장, 북한산의 유원지와 시민운동장이 표시되어 있다. 별도의 항목으로 소개되지는 않았지만, 남산 1호 터널과 2호 터널 건설계획이 표시되어 있고, 북악스카이웨이는 관광 목적에서 군사 목적으로 전용되었음을 볼 수 있다.

81) 1920~1999년까지 네이버 뉴스 라이브러리 검색에 의하면 관악산 모임은 122건, 관악산 대회는 389건으로 매우 높은 빈도로 나타나고 있다. 모임은 1960년대에 등자하여 1970년대 이후부터 증가한 반면, 대회는 1920년부터 등장하지만 1990년에 254건으로 매우 집중적으로 등장하고 있다.

산중 취사가 적극적으로 권장되고 있다. 관악산에서 다양한 활동이 가능했으며, 활동에 제약을 두지 않은 것으로 판단된다.

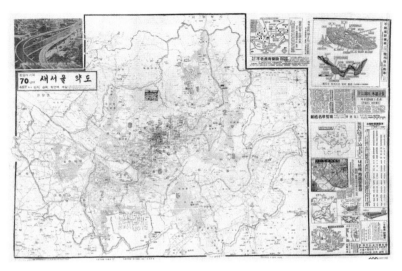

그림 3-2-9. 관악산의 시립공원, 동물원, 어린이왕국과 시민운동장 표기
자료: 1970년 새서울약도 참조

가치 6. 여가문화공간으로서 가치

공적 여가공간으로서 관악산

1968년 도시계획시설로서 관악산은 공원으로 지정되기 시작하였다. 이 당시 공원은 시설의 도입보다는 도시계획상 지정된 관리 체계로서의 의미가 있었다. 1970년대 안양풀장의 쇠퇴와 1975년 골프장 부지에 서울대학교가 입지하면서 관악산의 상업화와 위락적 가치가 감소하였기에 공적 여가공간인 공원으로 지정되기 시작한 것이다. 이 당시는 계획된 공원으로서 시설이 도입되는 시설형 공

원이 아닌 '공공(公共)의 원(園)'으로서 구역이 설정되었다고 볼 수 있다.

일제강점기에 한강 쪽 관악산 일부가 자연공원으로 활용되고 안양 쪽 관악산이 유원지로 이용되었던 점에 비추어 본다면, 결과적으로 이는 관악산이 시행착오를 거쳐 공원으로 지정된 것으로 볼 수 있다. 유원지는 홍수나 개발제한구역으로 인해 운영이 어려워 쇠퇴하였으며, 골프장은 서울대학교로 변경되는 등 민간의 사적 공간보다는 공공의 공적 공간에 대한 가치판단으로 방향성을 바꾼 것으로 판단된다.

그러나 이러한 제도들은 상징적 의미가 있었을 뿐 본격적으로 공원에 시설이 도입되고 공공서비스가 확대된 것은 1986년 관악산공원 계획이 수립되면서부터이다. 공원 지정의 의미는 공원시설 도입을 통해 더욱 그 가치가 증대되는 데 있다. 1986년 관악산공원 계획 수립에 따른 고시 현황82)에 의하면, 이 당시 독산동지구, 호압사지구, 약수암지구, 신림동계곡지구, 서울대입구지구, 청룡산지구, 낙성대지구, 관음사지구 등 총 8개 지구가 공원으로 결정되었고, 휴양시설, 유희시설, 운동시설, 편익시설, 조경시설, 교통시설, 관리시설 등이 도입되었다. 이러한 시설들을 통해 많은 사람의 용이한 접근과 편리한 이용이 가능하게 되었다.

1983년 공원조성계획이 수립되고, 1986년 시설이 도입되면서 야영장, 어린이놀이터, 정구장, 수영장, 배드민턴, 배구장, 궁술장 등의 위락시설이 도입되었고, 관음사, 연주암 등의 사찰이 교양시설로, 등산로 등은 도로로 편입되면서 공공서비스 시설이 조성되기

---

82) 서울특별시 시보(1986년 3월 13일) 참조.

시작하였다.[83] 1986년 낙성대지구에 과학전시관이 신설되는 등 교양시설이 확충되었으며,[84] 이후 공원 면적이 추가 변경되면서 취락의 금지로 야유회장은 유명무실해지는 등 인공적인 위락시설은 많이 감소되었다.

1996년에 관악산은 호수를 조성하고 야외공연장 등의 위락시설을 유치하였으며, 낙성대 부근에 과학전시관 등 문화시설을 건립하였다. 그 당시는 이를 서울대학교와 연결함으로써 외국 관광객을 유치하고 서울의 관광명소로서 개발하고자 하였다. 1996년부터 1997년까지 옛 관악산 계곡 수영장 부지에 인공호수를 조성하였고, 민간자본 유치를 통해 관악산 제2만남의 광장 부근에 1,200여 평 규모의 원형 야외공연장을 조성하였다. 낙성대공원에는 강감찬 장군 기마 동상 등 5,600평을 건립하고 인근 도로를 4차선으로 넓히는 등 이 일대를 새롭게 단장하였다. 관악산은 관악산 입구를 출발점으로 하여 관악산계곡과 서울대·낙성대 캠퍼스를 연결하고, 신림근린공원과 호림박물관까지 연결함으로써 관광명소로 자리하고자 하였다.

관악산은 이용 시민이 행락철에 하루 평균 10~15만 명에 이르는 서울시민의 안식처이다. 관악산은 넓은 지역에 산책로나 등산로가 유기적으로 연계되어 있어 사람들은 이를 이용하며 삼림욕을 즐길 수 있다. 제1광장과 제2광장의 면적은 26,000㎡로 매우 넓은 오픈 스페이스가 있고, 신림동 입구 주차장에서 약 1,850m의 도로가 설치되어 있어 접근이 매우 편리하다. 대표적인 등산로는 17.15㎞

---

83) 대한민국 관보 제9629호(1983년 12월 28일) 참조.
84) 서울특별시 시보 제1257호(1986년 3월13일) 참조.

에 이르며, 파고라 11개소, 연못 2개소와 분수대 1개소 등의 조경
시설이 설치되어 있다. 야영장 4개소, 정자 33개소 등의 휴양시설
과 야외탁자 117개, 벤치 433개 등이 있고, 전시관 2동과 기념비 2
개소가 있다. 운동시설로는 운동장 1개소와 간이운동장 38개소, 성
인 운동기구 13종 153개가 설치되어 있고, 편익시설은 입구 주차장
2개소와 식당·매점 31개소, 화장실 36개소, 공중전화 19개소, 음
수대 11개소, 옹달샘 14개소가 있다. 관리시설로는 관리인 22명이
근무하는 관리사무소 8개소, 표지판 79개와 휴지통 38개가 있다.[85]
표 3-2-1을 기준으로 관악산의 서울 쪽 지역 면적의 비율을 살펴보
면, 운동시설이 전체 면적의 35%, 휴양시설이 35%로 대부분이 특
정 목적을 제공하기 위한 것으로 나타난다.

표 3-2-1. 관악산의 시설지구별 공원시설 현황

구분		면적	공원 전체 비율	시설명	시설의 성격	시설면적
시설지구	관음사 지구	205,952	1.68	실내배드민턴장	운동시설	870
	낙성대 지구	435,578	3.56	다목적 운동장, 농구장, 테니스장	운동시설	3,670
				주차장	편익시설	3,640
				서울과학전시관	교양시설	8,864
				광장(파고라, 농구대, 체력단련시설 등)	휴양 및 운동, 편익시설	5,520
				낙성대	교양시설	5,600
				주차장	편익시설	10,800
				관악구립체육관	운동시설	2,650
	청룡산	208,071	1.7	관악구민회관	교양시설	640

---

85) 관악구 홈페이지(www.gwanak.go.kr) 참조

구분		면적	공원 전체 비율	시설명	시설의 성격	시설면적
	지구					
	신림동 계곡 지구	409,039	3.34	진입광장	기반시설	1,580
				주차장, 음식점, 매점 등	편익시설	6,700
				맨발공원(파고라, 체력단련 시설 등)	휴양 및 조경, 운 동시설	400
				관악문화도서관	교양시설	3,880
				제2광장	휴양시설	650
				제1광장	휴양 및 운동시 설	840
				호수공원	조경시설 및 휴 양, 기반시설	8,450
				야외식물원	교양시설 및 편 익, 휴양시설	27,460
	약수암 지구	370,206	3.02	다목적운동장	운동시설	4,640
				궁도장	운동시설	980
	선우 지구	75,393	0.62	생태연못, 생태학습장	조경시설	3,340
				조망쉼터	교양시설	860
				족구장, 배드민턴장	운동시설	5,940
				체력단련시설	운동시설	600
				생태숲	조경시설	3,800
	신도비 지구	9,394	0.08	-	-	-
	우림 지구	3,869	0.03	파고라, 체력단련시설, 간이 화장실	휴양시설 및 운 동, 편익시설	110
				농구대, 체력단련시설	운동시설	2,880
	문성 지구	8,649	0.07	-	-	-
	총계	1,726,151	14.1	-	-	-
기 타	신림6배수지			농구장	휴양시설 및 운 동, 편익시설	600
				파고라, 지압보도, 화장실 등	휴양시설 및 운 동, 편익시설	4,560
	신림 산197-2 일대			테니스장	운동시설	2,800
				파고라, 체력단련시설	운동시설	400

구분		면적	공원 전체 비율	시설명	시설의 성격	시설면적
기 타				놀이터시설	휴양 및 운동시설	130
	봉천11배수지			놀이터시설	운동 및 휴양시설	850
	봉천 산3-6 일대			배드민턴장, 체력단련시설	운동시설	400
				실내배드민턴장	운동시설	870

　이러한 다양한 공공서비스 시설의 도입은 공적 여가공간으로서 관악산의 가치 증가에 영향을 미칠 수 있다. 첫째, 관리사무소, 주차장, 화장실 등의 편익시설의 도입은 이용객들에게 안전과 편리함을 제공하므로 남성뿐만 아니라 여성들이 이용하기에도 안전상의 문제가 없다. 또한 주차장 등의 조성은 많은 이용객을 수용하고, 근거리 이용객만이 아니라 원거리 이용객의 이용을 가능케 한다.

만남의 광장　　　　　　　　　　야유회장

그림 3-2-10. 관악산 내의 오픈 스페이스 조성 현황

자료: 채진해 촬영

　둘째, 야유회장, 광장 등의 도입은 모임과 집회를 가능케 한다. 우리나라의 근교산은 대부분 단합 대회나 회사 행사 등의 목적으로 많이 이용된다. 관악산 또한 모임이나 행사 등의 활동이 매우 많이

이루어지고 있는데, 그 이유는 관악산에 사람들이 많이 모일 수 있는 넓은 면적의 오픈 스페이스들이 조성되어 있기 때문이다(그림 3-2-10 참조). 이러한 시설들은 사람들이 모이고 만나는 집합의 기능을 가능하게 한다. 집합을 통한 사회적 교류는 커뮤니티를 형성하고 어메니티 자원으로 발전하기도 한다. 관악산에서는 모임, 대회 등의 활동이 많이 일어났는데, 뉴스 키워드를 검색하면 관악산에서의 모임은 1960년대 이후부터 지속적으로 등장하였고, 관악산에서의 대회는 1920년대부터 등장하는 등 관악산은 사람들을 집합시키는 사회적 교류의 장으로서 가치가 있었음을 알 수 있다.

셋째, 운동시설, 교양시설 등의 도입을 들 수 있다. 운동시설은 배드민턴 동호회, 게이트볼 동호회 등이 이용함으로써 지역 내 커뮤니티 형성 자원으로 활용되고 있다. 또한 문화원, 도서관 등의 시설 입지는 어린이와 여성들의 접근이 용기하기 때문에, 지역 내 여가시설로서의 가치가 증가된다. 이러한 여가시설로 인한 활동의 증가는 현재 어린이들을 대상으로 하는 교육활동과 지역 주민들의 동호회 활동 등을 가능케 함으로써, 공적인 여가공간으로서 지닌 관악산의 공적 가치가 점차 공공서비스로서 시민들의 생활 속 가치로 자리매김하고 있는 것이다(그림 3-2-11 참조).

교육활동   동호회 활동

그림 3-2-11. 관악산의 다양한 커뮤니티 활동

자료: 채진해 촬영

도시의 공원으로서 관악산

관악산의 등산로는 조선시대 때 탐방로에서 일제와 해방 이후 도심에서 떠나는 탐방로로 1980년대 이후에는 산책로로 이용되다가 2000년대 서울둘레길 사업에 따라 주변 산과 주변 도시와 연계되는 체험로로 변화하게 되었다. 그림 3-2-12를 보면 관악산은 서쪽으로는 안양천 코스, 동쪽으로는 대모-우면산 코스와 연계되어 있다. 이는 관악산이 주변 산, 주변 자원과 연계됨으로써 도시의 여가 인프라로서 그 가치가 더욱 증진되어 감을 의미한다. 또한 주변 산이나 자원과의 연계는 관악산의 가치를 한정하기보다는 근교산이라는 큰 맥락의 부분적 요소로서 관악산이 지닌 차별적인 특성을 더욱 드러내며 의미를 부여하게 되는 것이다.

그림 3-2-12. 둘레길에 의해 도시와 주변 산과 연계된 관악산

결국 공간 개념의 확장은 체험의 확장과도 연결될 수 있고, 이는 도시민들의 여가 경험의 확장과 연결된다. 산에 오르고 내리는 등산을 통한 건강 유지와 경관 감상 등의 가치는 이제 둘레길을 따라 코스별로 당일이나 반나절이 아닌 여러 날에 거쳐 체험하는 시간적 확장을 이루었다. 또한 관악산의 등산로가 약 18㎞인 반면에 체험로는 175.6㎞에 이르며, 따라서 공간적인 측면에서도 확장이 이루어졌다. 나아가 역사, 생태, 문화 등과 같은 다양한 경험의 확장, 서울이라는 주변 도시와의 연계로 인한 주변 지역 방문을 통한 경험의 확장도 이루어졌다.

둘레길은 지하철 사당역, 낙성대역, 신림역 등과 인접하여 접근이 매우 용이하며, 이제 등산로의 개념은 산에 국한되어 있지 않고 도시로 확장되었다(그림 3-2-13 참조). 도시의 인프라와의 연계를 통해 접근을 확장한 관악산은 과거 자연공간으로서의 존재적 가치에서 도시민들이 쉽게 접근하고 편리하게 이용할 수 있는 도시공간으로서 그 가치를 증대시키기 위한 변화를 시도하고 있는 것이다. 이러한 접근의 연계는 물리적인 것만을 의미하지 않는다. 2012년에는 청룡산 유아숲체험장, 낙성대 무장애길과 같은 다양한 시설 조성을 통해 유아나 어린이, 장애인들의 접근과 이용을 도모하고, 도시 인프라로서의 기능을 증진시키고 있다. 이는 결과적으로 산이 도시로 공간이 확장되고 있음을 의미하기도 한다.

과거의 산림문화는 풍수지리사상에 입각하고 자연숭배의식이 발달하여 나무와 산을 물질로만 보지 않고 질적인 대상으로 인식하였다. 자연합일사상에 생각의 뿌리를 두고, 자연숭배의식을 생활화한 조상들에게 근교산은 매우 각별한 대상이었던 것이다. 공간으로서 근교산은 자연과 인간을 정서적으로 튼튼하게 이어주는 연결고리였다. 현대의 관악산은 다양성이 존재하는 곳으로 변화하였다. 새롭게 대두되는 오늘날의 산에 대한 인식은 산자연과 인간의 화합을 위한 문화공간, 이에 따른 생태교육, 레크리에이션, 체험, 문화도시의 연결 네트워크로서 그 가치가 변화하게 된 것이다.

그림 3-2-13. 둘레길에 의해 도시 인프라와 연계된 관악산
자료: 채진해 재작성

그림 3-2-14. 청룡산 유아 숲체험장
자료: 채진해 촬영

그림 3-2-15. 관악산 무장애숲길
자료: 천지일보, 2016.06.10.

인지적 공간으로로서의 가치

상징적 가치

상징적 가치라 함은 관악산이 가지고 있는 내외적인 요건을 어떻게 인식하는가에 따른 개인적·사회적 상징성을 말한다. 상징적 가치는 매우 다양한 측면에서 나타나는데, 같은 상태라 할지라도 시대에 따라 변하기도 하고 지속하기도 한다. 근교산의 상징적 가치는 산을 인식하는 인식체계에서의 상징적 의미, 외관상 심미적 측면에서 나타나는 상징성, 지형적으로 수직적인 요소에서 나타나는 상징성으로 구분될 수 있다. 이러한 상징적인 요소들은 시대를 지배하는 사상이나 주변 여건의 입지에 따라 변화되기도 한다.

조선시대 근교산은 풍수지리사상에 따른 상징적 의미가 있었던데 반해, 현대에서는 기능적인 측면이 강조되고 있다. 이는 산이 정서적이고 신앙적인 의미보다는 물리적인 토양과 경제적인 효용가치 측면으로 변화되었기 때문이다.[1] 반면에 외관상으로 보이는 심미적 측면에서의 경관적 의미는 지속적으로 나타나고 있지만, 지형에서 나타나는 수직적인 요소에서의 상징성은 도시화에 따라 변화될 수 있다. 따라서 본 절에서는 시대를 지배하는 사상적 배경에 의한 상

---

1) 조경진, "땅과 경관", 『땅과 한국인의 삶』, 서울: ㈜나남출판, 1999, p.558

징적 의미와 심미적, 랜드마크적인 가치의 변화를 알아보고, 이에 영향을 미치는 요인을 파악해 보고자 한다.

가치 7. 풍수지리의 상징체계

조산(朝山)과 주산(主山)으로서 관악산

우리나라 조선시대의 지배적인 사상은 유교사상이었고, 이를 반영한 풍수지리사상은 공간을 인식하는 체계에서 중요한 역할을 하였다. 1392년 이성계가 조선을 건국하고 나라의 도읍을 정할 시 풍수지리사상을 따랐는데, 백악산을 주산(主山), 인왕산을 좌청룡(左靑龍), 낙산을 우청룡(右靑龍), 남산을 안산(安山)으로 하였다. 이는 내사산으로서 도성을 형성하는 틀 역할을 하였다. 북한산, 관악산 등은 외사산으로서 한양의 성외 지역에 해당하는 공간이었다.

그림 4-1-1의 조선성시도(朝鮮城市圖, 1830年)를 살펴보면, 도읍인 한성부는 백악산, 인왕산, 목멱산, 낙산, 즉 내사산으로 둘러싸인 도성 내부와 북한산, 관악산 등의 외사산에 의해 형성된 도성 외부로 구분되어 있음을 볼 수 있다. 외사산 중에서 북쪽의 경계에는 북한산이, 남쪽의 경계에는 관악산이 유일하게 각각 표시되어 있는데, 이는 북한산과 관악산이 내사산과 함께 상징성이 있었기 때문이다.

북한산인 삼각산은 진산(鎭山) 또는 조산(祖山)이었으며, 관악산은 삼각산을 상대하는 풍수적 조산(祖山)이었다. 조산(祖山)은 한국의 산 문화사와 문화 전통에서 가장 정체성이 뚜렷하면서도 특징적인 요소로 꼽을 수 있다. 조산이란 입지적으로 취락의 부족한 부분과 경관을 보완하기 위한 개념적인 공간으로서, 흙·돌·숲나무 등을 이용하여 부족한 부분을 메우는 것을 말한다. 전통 취락에서 이러한 기능을 담당하였기 때문에 조산은 인위적으로 보완함으로써 이상적인 공간으로 만들고자 하였고, 그것을 비보라고 한 것이다.[2] 관악산은 비보의 의미가 있는 조산(祖山)이었던 것이다.

그림 4-1-2를 보면 백악산과 남산이 내명당을 형성하는 기준으로, 북한산과 관악산은 외명당을 형성하는 기준으로, 명당을 구성하는 필수적인 공간 요소이자 국가 형성에 상징적인 의미가 있었다. 관악산의 위상은 광여도에서도 알 수 있는데, 그림 4-1-3을 보면 한성부는 삼각산에 둘러싸여 있고, 한성부 남쪽으로 남산이 위치해 있는데, 이 남산과 관악산을 일직선으로 표시함으로써 수직축으로서 표현한 것을 알 수 있다.[3] 이는 관악산의 실제 위치가 남산과 동일 축에 있지 않음에도 불구하고, 인지적으로는 삼각산과 대응하는 산으로서 그만큼 중요한 의미가 있었기 때문이다.

---

2) 최원석(2014), 앞의 책, p.139.

3) 최원석, "최원석 교수의 옛지도로 본 山의 역사 9. 관악산과 청계산: 관악산은 삼각산 대응 풍수적 조산", 『월간산』 552, 2015, p.399.

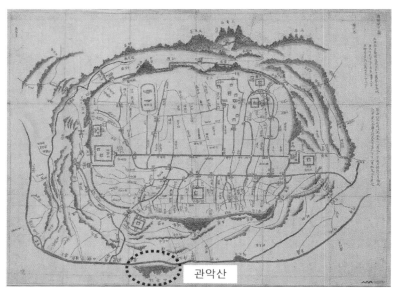

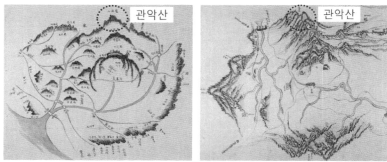

그림 4-1-1. 조산(朝山)과 주산(主山)으로서 관악산

자료: 위- 1930년 조선성시도, 아래-1872년 경기지도(좌:시흥현지도, 우:과천현지도)

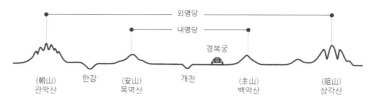

그림 4-1-2. 관악산의 풍수적 조산(朝山)의 위상

자료: 이상해(1992). p.45. 참조

조선시대의 관악산은 조선과 한성부에서는 외사산으로 한성의 외연적 틀인 조산(祖山)이었지만, 시흥군과 과천현에서는 그림 4-1-2와 같이 주산(主山)으로서 상징적 가치가 있었다.[4] 주산은 진산이라고도 불렀는데 진산은 취락의 후면에 위치하여 그 취락을 상징하는 것으로, 멀리서도 취락을 할 수 있는 수려하고 장엄한 산세의 산으로 이루어졌다.[4] "고을은 진산의 맥을 따라 배치한다"라거나 "고을의 축은 진산에 따라 표현된다"라고 하여 고을의 배치 및 축과 진산의 관계를 규정하였다.[5] 또한 진산은 취락의 안위를 보장해주는 산이라는 상징성과 신앙성이 부여된 개념으로, 신산(神山)에 속하는 특징이 있었다.[6] 『신증동국여지승람』에 따르면, 관악산은 과천현 서쪽 5리 지점에 있으며 진산(鎭山)이라고 하여 고을을 지키는 소중한 산이었다.[7] 과천뿐 아니라 시흥현에서도 관악산을 주산(主山)으로 표현하고 있는데, 실제로는 관악산이 동쪽으로 치우쳐 있지만 시흥현의 북쪽에 위치하게 표기함으로써[8] 주산으로서의 상징적 의미를 가지고자 하였다.

---

4) 최창조(1994), 앞의 책, p.122.

5) 최원석(2014), 앞의 책, p.121.

6) 위의 책, p.117.

7) 최원석(2015), 앞의 책, p.399.

8) 한국향토문화전자대전 홈페이지 http://www.grandculture.net/ (시흥현지도) 참조.

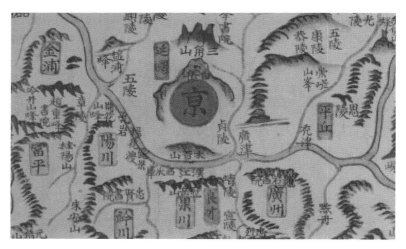

그림 4-1-3. 광여도에 나타난 관악산
자료: 한국향토문화전자대전 광여도-경기도 참조

화산(火山)으로서 관악산

관악산은 이와 같이 조산(祖山)이나 주산(主山)뿐 아니라 화산(火山)으로서 풍수적 의미가 강하였다. 풍수에서는 바위산인 악산(岳山)을 산의 뼈가 노출된 산이라고 하여 좋지 않다고 하였는데,[9] 관악산은 화강암 산지로서 바위가 돌출되어 있을 뿐 아니라 산세가 험준하고 산맥이 힘차게 뻗어있어 굳센 이미지가 있었다. 또한, 산 능선의 모양이 불꽃이 타오르는 모양과 유사하여 화산(火山)[10]이라 하였다.

조선 창건과 한양 천도 이후 관악산은 화산으로서 한양을 둘러싼 여러 산천의 하나로 중시되어, 무학대사는 조선 왕조의 융성을 위

---

9) 윤홍기, 『땅의 마음』, 서울: ㈜사이언스북스, 2011, p.58.

10) 『고려사』에서는 "관악산의 생김개가 뾰족뾰족한 모양으로 되었으니 화덕(火德)을 상징한 것"이라 하였다(최원석(2015), p.399.)

해 관악산에서 기원을 올리기도 하였다.[11]

화산은 화재를 연상케 하였고, 그 당시 화재는 가장 위협적인 재해였다. 따라서 화산으로서의 관악산의 기세를 누그러뜨리는 것은 국가적으로도 중요한 일이었다. 이를 위해 여러 가지 방안이 마련되었다. 광화문 앞에 있는 해태는 수신(水神)으로서 화재를 방지하기 위해 두었고, 숭례문 앞에는 못을 조성하여 화기가 침범하는 것을 차단코자 하였다.[12] 이 연못은 숭례문 앞에 위치하여 화재에 대비하는 방화수 역할을 하는 남지(南池)였다(그림 4-1-4 참조). 그림 4-1-5의 광여도 과천현의 지도를 살펴보면, 관악산 자락에 향교가 있고 북쪽으로 연주대 북동쪽으로 관음사, 불성사가 보이는데 관악산의 화기를 막기 위한 수구수(水口數)가 표시되어 있는 것을 볼 수 있다. 한양뿐 아니라 관악산의 화기를 막기 위해서 다각도로 노력하였음을 알 수 있다. 관악산 꼭대기에 이를 막기 위해 우물을 파고 구리 용을 넣거나 화재를 막는 9개의 부적(防火符)을 넣은 물단지를 묻는 등 화기를 진압하고자 하였고, 궁궐의 위치를 정함에 있어 관악산을 정남으로 대한다면 그 기세로 인해 궁성을 위압하고 나라가 평안하지 못할 것을 걱정했을 정도로 관악산의 화산으로서 그 의미는 매우 강하였기 때문이다.[13]

---

11) 김은정, 앞의 책, p.123.

12) 최원석(2015), 앞의 책, p.399.

13) 위의 책, p.399.

그림 4-1-4. 숭례문 앞의 남지(南池)
자료: 동아대 박물관

그림 4-1-5. 과천현의 수구수(水口數)
자료: 광여도

제의(祭儀)의 장소

관악산의 연주대(戀主臺)는 세조 등이 기우제를 지내던 장소였다. 조선왕조실록에는 관악산이 25건 수록[14]되어 있는데, 세종실록에 2건, 조선 후기의 현종(顯宗)6년, 숙종(肅宗)21년, 영조(英祖)26년, 정조실록 등에서 총 25건 중 11건이 제사를 지내기 위해 보고하는 내용이 기록되어 있다. 세종 8권 2년에 의하면 비가 오지 않자 나라의 상징적인 장소에서 기우제를 지내는데, 오악과 강을 중심으로 기우제를 지냈다고 한다. 사직단·종묘 등과 함께 관악산은 오악(五嶽)으로서 그 규모로 인해 상징적 활동이 가능했던 것이다.

세종 8권, 2년(1420 경자/명 영락(永樂) 18년) 4월 27일(을축) 3번째 기사
예조에서 다시 오악과 강에서부터 시작하여 기우제를 지낼 것을 고하다

예조에서 계하기를,

---

14) 조선왕조실록에 의하면 관악산은 총 25건이 검색되고 그 중 11건이 제사와 관련된 내용이다.

일찍이 왕지를 받들어 북교(北郊)에서 기우(祈雨)하는 것과 사직
단·종묘·오악(五嶽)15)·바다·강·명산·큰 내에 나아가 기우
제 지내는 것을 거행하지 아니한 곳이 없었사오나, 이제까지 비가
오지 아니하오니, 다시 오악과 강에서부터 시작하여 처음과 같이
기우하는 것이 좋을까 하나이다.

하니, 그대로 허락하였다.

조선시대의 오악(五嶽)은 중국의 오악과 유사한 의미로서 백악산
을 중앙으로 남쪽에 관악산, 동쪽에 치악산, 북쪽에 감악산, 서쪽에
송악산이 해당하였다. 각각은 한성부, 경기도 시흥현, 강원도 원주
목, 경기도 양주, 경기도 개성에 포함되어,16) 4개의 산이 한성부를
중심으로 동서남북에 위치하였다(그림 4-1-6 참조).

관악산은 각 한성부, 시흥현, 과천현 등의 지역을 대표하는 주산
일 뿐만 아니라 경기를 대표하는 5악 중 하나였다. 경기 오악은 포
천의 운악산, 가평의 화악산, 송도의 송악산, 파주의 감악산, 과천
의 관악산17)으로 관악산은 가장 남단에 위치해 있었다. 이처럼 관
악산의 상징성은 국가적 자원으로, 경기도의 대표적 상징산으로서
지방의 대표 자원이라는 가치에 있는 것이다.

---

15) 조선왕조실록에 따르면 "오악(五嶽)이란 중국의 태산(泰山)·형산(衡山)·숭산(嵩山)·화산(華
山)·항산(恒山)을 말하는데, 우리나라는 이에 따라 백악산(白嶽山)을 중앙으로 하고, 남악으
로 관악산(冠岳山), 동악으로 치악산(雉岳山), 북악으로 감악산(紺嶽山), 서악으로 송악산(松
嶽山)을 오악으로 하고 사시로 제사를 지내곤 하였다."

16) 1872년 지방지도 기준.

17) 정명숙, 양대승, 유남영, 『지도로 배우는 우리나라 우리고장:서울경기』, 2009.

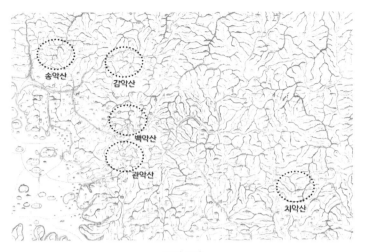

조선 5악

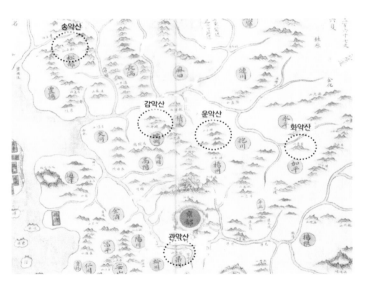

경기 5악

그림 4-1-6. 조선5악과 경기5악
자료: 서울대 규장각 한국학연구원 지도에 재작성

제의 장소로서 관악산의 가치는 조선시대 뿐 만 아니라 일제를 거쳐 최근에 까지도 이어졌다. 1928년 7월 7일 기사[18] 동아일보에 따르면 경기도 군수와 유지들이 함께 기우제를 지내는 모습이 기록되어 있으며, 동아일보 1926년 2월 28일 기사[19]에 따르면 신성한 장소에 대한 인식이 있었음을 알 수 있다. 옥체가 쇠약한 전하를 위해 관악산에서 기도하는 모습 등에서 관악산을 신성하게 여겼던 것을 알 수 있다. 또한 1995년 2월 6일 기사[20]에 따르면 가뭄으로 인해 농수산부가 관악산에서 기우제를 거행하는 등 제의적 공간으로서의 관악산의 가치가 지속되었음을 알 수 있다(그림 4-1-7 참조).

그림 4-1-7. 현대 관악산의
기우제
자료: 동아일보 1995.02.06

그림 4-1-8. 현대 한우물 복원 모습
자료: doopedia.co.kr 참조

금춘이래로 만족한 우량을 보지 못하야서 이앙의 종기인 하지가 지낸지 십수일인 오늘까지도 오히려 강우할 희망이 조금도 보이지 아니함으로 일반은 대단우려중에 있는바 중전시흥군수는 비용을 자담하야서 금칠일오후일시부터 경기명산인 관악산상봉에서 각면장급각유지자들과 한가지고 적성을 다하야 기우제를 거행하

18) 동아일보, "始興(시흥)에 祈雨祭(기우제) 官民合同(관민합동)으로", 1928.07.07

19) 동아일보, "이왕전하환후침중 명산에 평유기도", 1926.02.28.

20) 동아일보, "'비를 내리소서'농수산부 100명 「관악산 기우제」", 1995.02.06.

다더라(동아일보, "시흥에 기우제 관민합동으로", 1928.07.07).

　　그림 4-1-8과 같이 1989년 서울시 유형문화제 10호로 복원된[21] 관악산 한우물은[22] 1,200년 동안 물이 마르지 않고, 사람이 들어가면 장티푸스가 걸리며, 물건을 던지면 한강으로 나온다는 등의 비현실적인 신성한 장소로 대중적 인식이 자리잡혀 있었다.[23] 이러한 관악산이 가진 종교활동의 장으로서의 가치는 과학의 발달로 인해 현대에서는 그 의미가 약해졌으나, 여전히 관악산은 영험한 산으로 여겨지며 연주암, 관악사 등을 중심으로 그 가치가 지속되고 있다.

　　조선시대 산을 신성화하는 전통적인 사상에 따라 관악산은 대표적인 신성한 장소 중 하나로 인식되었다. 관악산의 영험함은 역사적으로 알려진 사실이었다. 관악산에는 일찍이 원효(元曉) 등의 고승들이 一幕, 二幕, 三幕 등의 암자를 짓고 수도하였으며, 호암사망월사 등이 남아있다. 관악산에는 연주암・삼막사・염불사라는 유명한 3대 사찰이 있다. 연주암은 고려 후기부터 존재하였고, 삼막사는 신라 문무왕 때 창건되어 조선시대 서울 근교 4대 명찰 중 하나였으며, 서울 남쪽 지역에서 가장 이름난 수찰(首刹)이기도 했다. 관음사는 서울 근교에서 가장 영험한 사찰 중 하나였으며, 그 밖에 자운암, 호압사 등이 입지되어 있다.[24]

---

21) 경향신문, "「한우물」새단장", 1989.05.25.

22) 한우물은 국가사적 제343호로 금천구 시흥동 산 93-2 호암산 정상(해발 315m)에 있다. 한우물은 천정(天井), 용복(龍伏) 또는 용추(龍湫)로 불렸으며, 통일신라시대(6~7세기경)에 축조되고 그 후 조선시대에 서쪽으로 약간 이동하여 다시 축조되었다. 통일신라시대에는 그 규모가 동서17.8m, 남북13.6m, 깊이2.5m였으며, 조선시대에 축조된 우물은 동서22m, 남북12m, 깊이 1.2m였다. 임진왜란 때에는 선거이(宣居怡) 장군이 진을 치고 행주산성의 권율 장군과 함께 왜군과 전투를 하면서 이 우물을 군용수로 사용하였다고 하며, 가물 때에는 기우제를 지냈다고 한다. 한편, 조선조 건국설화와 관련하여 방화용이라는 설도 있다.(금천구청 홈페이지 https://www.geumcheon.go.kr/portal/contents.do?key=954(한우물) 참조)

23) 경향신문, "산정상에 우물… 1,200년 '마르지 않는 샘'", 1997.06.13.

가치 8. 상징적 랜드마크로서의 가치

한양가는 길의 이정표로서의 관악산

풍수지리사상이 사회적인 기틀이었을 때 산에 대한 상징적 가치는 인식체계에 있었다. 산을 숭배하는 사상이 배경에 있었다면 산이 가지고 있는 지형지물의 특성에 따라 지역의 랜드마크적 가치가 있었다.

조선시대 때 삼남에서 한양으로 오기 위해서는 관악산 옆에 있는 남태령을 지나야만 했다.[25] 따라서 조선시대 전 기간 관악산은 교통의 결절점에 위치한 대표적인 랜드마크였다. 관악산이 교통지리적으로 매우 중요한 위치에 있었기 때문에, 그 당시 관악산이 속한 과천의 과천현감·노령별장의 지위에 대해 무성한 이야기가 나올 수밖에 없을 정도였다.[26] 또한 관악산은 경기 이남에서 가장 높은 산이었기 때문에 지리적, 지형적으로도 랜드마크요소였던 것이다.

1861년에 제작된 대동여지도(그림 4-1-9)를 보면, 관악산이 시흥과 과천 그리고 한성부의 가운데에 위치하고 있다. 대동여지도는 산맥의 굵기와 산세가 표현되어 있는데, 관악산은 북쪽과 남쪽으로 산맥이 연결되어 있을 뿐만 아니라 산맥의 굵기가 굵어 지형적으로 매우 중요하게 부각되어 있다. 또한 대동여지도에는 도로가 직선으로 표시되어 있는데, 관악산을 서쪽에 두고 동쪽으로 남대문에서 수원까지 도로가 남북으로 연결되어 있고, 동서로는 원주에서 과천이 연결되어 있어 한양으로 들어가는 길목에 있는 랜드마크적인 산

---

24) 한국의 산하 http://www.koreasanha.net(관악산 사찰) 참조

25) 과천시지 홈페이지 http://www.gcbook.or.kr/(1권 2편 3장 4절 과천행궁과 정조의 능원 행행, p.269.) 참조.

26) 위의 책, p.270.

이었음을 알 수 있다.

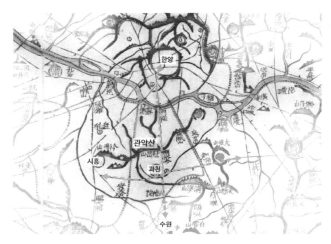

그림 4-1-9. 대동여지도에 표기한 한양가는 길

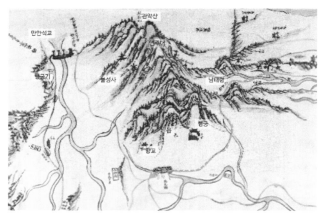

그림 4-1-10. 정조 행차 경로
자료: 과천시지 참조

과천시지(그림 4-1-10)에 의하면, 과천에는 행궁이 존재하였다. 행궁이란 국왕이 궁에서 나와 지방에 머물거나 전란(戰亂)·휴양·능원 참배 등으로 인해 도성을 벗어났을 경우 임시로 거처하는 곳으로서 왕의 침소 역할을 하였다.

이 중 과천행궁은 정조가 현륭원(顯隆園) 행차 때에 머물렀던 행궁이다. 정조는 수원으로 원행(園幸)을 시작하여 과천행궁을 휴식처로 사용하면서 1년에 한 차례씩 정례화하고 제도화하였다. 정조도 수원에서 관악산 남서쪽을 지나 궁으로 입성하였던 것이다.

일제강점기에 일제는 한성부를 경성으로 바꾸었고, 근대 교통을 도입하였다. 경성근방교통약도(京城近傍交通略圖)에서 볼 수 있듯이, 이때도 관악산은 경성을 입성하기 위한 랜드마크적인 장소로 표기되어 있다(그림 4-1-11 참조). 이 지도는 경성에서 과천을 거쳐 수원으로 가는 길, 경성에서 시흥을 거쳐 수원으로 가는 길과 경부선이 표기되어 있다. 경성과 부산을 연결하는 경부선의 북부 기공식은 1901년 8월 20일 서울의 영등포에서 열렸으며, 1904년 12월 27일에 전 구간이 개통되었다.[27] 경부선은 1902년 10월 10일 영등포역에서 명학동역 간이 개통되었고, 1905년 안양역이 개통되었다.

관악산을 중심으로 동쪽은 남태령길이, 서쪽은 경부선철도가 삼남과 한양을 연결해주는 교통 결절점의 역할을 하게 된 것이다. 이러한 교통의 발달은 관악산의 접근을 더욱 용이하게 하였다. 1935년 8월 11일 관악산 기슭에 안양 풀장이 조성됨에 따라 안양풀 임시 승강장이 개통되었고, 1939년 8월 31일 폐역되었다가 1966년 8월 6일 재개업하였으며, 1969년 8월 17일 다시 폐역되었다. 1974

---

[27] 한국콘텐츠진흥원(2008), "문화원형백과 간이역과 사람들", 문화콘텐츠닷컴(http://www.culture content.com/) 경부선 참조

년 전철화 시대에 따라 1974년 8월 15일 관악역이 개업하였고, 1982년 석수역이 개업하였다.[28] 그 이후 대중교통의 발달로 관악산이 가지는 교통 이정표로서의 상징성은 감소하였다.

도시의 상징적 랜드마크

대중교통의 변화로 인해 관악산의 교통 랜드마크로서의 가치는 점차 감소하였고, 국가 및 도시의 상징적 랜드마크로서의 가치가 나타나기 시작하였다. 1958년 10월 22일 이승만 대통령은 국가원수의 자격으로 외빈인 덱커 유엔 총사령관을 대동하여 관악산을 답사하였다.[29] 이날 관악산 연주암에서 이승만 대통령과 총사령관은 시민들을 만나고 사찰에 대한 설명을 들었다. 국가원수와 외빈과 시민 그리고 종교가 만나는, 한국을 대표하는 상징적인 장소로서 의미가 있었다(그림 4-1-12 참조).

한편, 1971년 4월 25일 박정희 대통령의 '4.27 대통령 선거 서울 유세 연설'[30]에 따르면, 관악산은 국가보안의 의미가 있는 것으로 나타난다.

> 그 때 30명이 들어왔는데도 우리 서울 시민들이 그렇게 놀랐고, 이것을 잡는 데 그만한 인원이 동원되었고 그만한 시일이 소비되었는데, 만약 김신조 일당 같은 무장 간첩이 서울에 10개 팀이 동시에 침투했다고 한번 가정해 봅시다. 세검정 쪽으로 하나 들어오고, <u>관악산 쪽</u>으로 한 들어오고, 미아리 쪽으로 하나 들어오고,

---

28) 철도산업정보센터 철도역정보(http://www.kric.go.kr/) (관악역, 석수역) 참조
29) 대통령 기록관 https://www.pa.go.kr/(이승만대통령 관악산 답사) 참조.
30) 대통령 기록관 https://www.pa.go.kr/(4·27 대통령 선거 서울 유세 연설) 참조.

인천 쪽에서 하나 들어오고, 이렇게 모두 300명 쯤 해서 10개 티임으로 한꺼번에 들어왔다고 해 봅시다. 아마 서울 시내가 발칵 뒤집어질 것입니다.

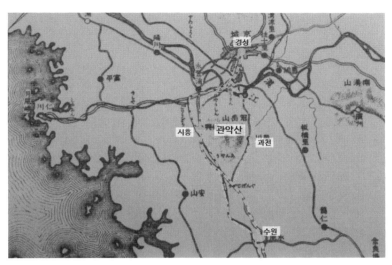

그림 4-1-11. 경성근방교통약도(京城近傍交通略圖)
자료: 柏書房(1985) (朝鮮總督府作製)一万分一 朝鮮地形圖集成 日本 : 柏書房株式會社

그림 4-1-12. 이승만대통령 귀빈 응대
자료: 국가기록원 1958.10.22. 참조

그림 4-1-13. 생태축으로서 관악산
자료: 서울특별시(2015), p.196. 참조

이외에도 2006년 8월 24일 '용산기지 공원화 선포식 축사'와 2007년 10월 10일 '국립생물자원관 개관식 및 국가생물주권 비전 선포식 축사'31)에서 노무현 대통령은 국가의 생태축으로서 관악산의 상징적 가치를 표현하였다(그림 4-1-13 참조).

이러한 상징적 가치의 변화는 시사하는 바가 크다. 상징적 가치는 특정한 시대가 가치관의 중심을 어디에 두느냐에 따라 변화하는 특성이 있다. 즉, 정서적인 가치가 강한 조선시대에는 관악산의 풍수지리사상에 의한 상징성이 강했고, 교통의 발달로 인해 이정표로서의 가치가 나타나기도 하고, 국가보안이 중요한 시대에는 국가안보의 장으로서의 가치가 표현되기도 하며, 지구적 환경 위기가 중요한 현대에서는 생태축으로서의 가치가 부각되기도 하는 것이다. 이러한 측면에서 관악산은 시대적 가치와 매우 밀접한 흐름 속에 변화해 왔다는 것을 알 수 있다.

가치 9. 상징적 조망경관으로서 가치

관악산은 지형적 위세와 바위, 자연이 어우러진 독특한 자연환경에 의해 경관적 가치와 지세가 높고 경관이 우수하여 조망공간으로 향유되었다. 조선시대 대표적인 조망지점이었던 한강 변에 위치한 정자와 누정에서 관악산은 중요한 경관 대상이었다. 관악산은 제천정, 압구정, 저자도와 같은 동호 일대에서 원경으로는 잠두봉 절벽을, 선유봉에서는 앞쪽의 장관을 펼쳐 보였으며, 망원정에서는 서

---

31) "도시에 크고 작은 공원을 조성하는 일도 중요합니다. 북한산에서 관악산까지의 생태축을 되살리는 용산기지 공원화가 그 좋은 모범이 될 것입니다. 대통령 기록관 https://www.pa.go.kr/ (국립생물자원관 개관식 및 국가생물주권 비전 선포식 축사) 참조.

쪽으로 양화나루에서 원경으로 향유하였던 것으로 나타난다(그림 4-1-14 참조).[32] 그리고 그림 4-1-15의 겸재 정선의 작품에서도 에서도 관악산이 여러 번 등장하는데, 이는 관악산이 한강 어디에서나 쉽게 조망되는 지형적 특성을 지니고 있었기 때문이다.

관악산은 또한 빼어난 수십 개의 봉우리와 기이한 바위들, 오래된다. 나무와 온갖 풀이 어우러져 철 따라 변하는 모습이 금강산 같다 하여 소금강(小金剛) 혹은 백호산(白虎山)이라고도 하였다.[33] 조선 초기 관악산은 한양 중심에 있는 인왕산이나 북악산처럼 문사들이 자주 유람하고 수많은 시문을 남긴 장소는 아니었다.[34] 지세가 험하고 한강 이남에는 행정력이 미치지 못했기 때문에 죄인들과 도적 떼가 많았기 때문이다. 관악산은 경관적 가치뿐만 아니라 조망공간의 가치도 있었다. 관악산은 산세가 높아 한강 변에서 쉽게 조망되었는데, 이는 다른 산이나 강보다 높은 조망지점을 가지고 있음을 의미한다. 조선 초기의 문신인 춘정 변계량(1369-1430)이 쓴「관악사에 올라(登冠岳寺)」를 보면,[35] 지금의 연주암에서 관악사 주변의 경관을 묘사하며 산수의 아름다움을 향유했음을 알 수 있다.[36] 즉, 현대적 의미에서 관악산은 자연 감상으로서의 가치가 있었던 것이다.

---

32) 김현경, "조선시대 한강변 명승의 향유 방식", 한국교원대학교 대학원 석사학위논문, 2015.

33) 최원석(2015), 앞의 책, p.398.

34) 강혜선, "한국 한시와 사찰(2) ; 삼각산 일대의 사찰과 한시"『한국한시연구』 5, 1997, pp.5-16.

35) 변계량(1825),『춘정집』, 한국고전번역원(https://www.itkc.or.kr/) 한국고전종합DB 참조

36) 신동섭,『조선 후기 명승에 대한 사실적 이식의 발전-장동 김문을 중심으로』, 한국교원대학교 대학원 석사학위논문, 2014.

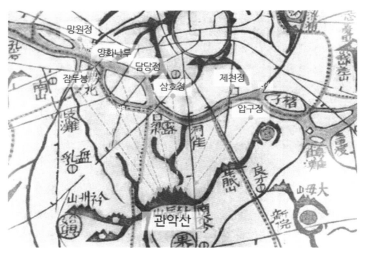

그림 4-1-14. 한강 변에서 관악산을 조망한 지점
자료: 김현경(2015) 필자 재작성

그림 4-1-15. 한강 변에서 관악산이 조망되는 그림-겸재의 동작진
자료: 한국민족문화대백과사전 참조

그림 4-1-16. 한강 이남으로 보이는 관악산의 지형
자료: http://cafe.naver.com/munland/5448

한편, 한국갤럽조사연구소(2015)에 따르면 2009~2014년 한국인
이 가장 좋아하는 산 7위로 선정되었다. 상위 10위 안에는 전국의
국립공원이 대부분 선정되었으며, 거주지와 가까운 근교산에 대한
지역별 선호도 차이가 뚜렷하게 나타났다. 조사 결과에 따르면, 북
한산은 서울(18%)과 인천/경기(7%), 관악산은 서울(5%)과 인천/경
기(3%), 도봉산은 서울(5%)과 인천/경기(1%) 등으로 나타나 가까운
근교산에 대한 선호가 높았다. 이와는 반대로, 부산/울산/경남 지역
민은 설악산(22%)이 아닌 지리산(36%)을 최고로 꼽아 근교산이 지
역을 대표하는 산으로서 상징적인 가치가 있는 것으로 나타났다.

그리고 관악산은 전국적인 명산일 뿐 아니라 지역을 대표하는 명
산 중 하나인 것으로 나타났다. 관악산은 서울을 대표하는 경관자원
(산)부분에서 남산, 북악산, 북한산에 이어 4위를 차지하고 있어 서
울시 지역 내의 경관자원으로서도 매우 중요한 가치가 있음을 알
수 있다. 또한 과천시의 도시 이미지를 대표하는 지형지물로 서울대
공원과 함께 관악산이 선정되었으며,[37] 이러한 결과를 통해 관악산

---

37) 홍관종, 정윤희, 신영선, 강영은, 권윤구, 유미경, 변재상, 임승빈, "경관계획을 위한 도시 이미
지 설정 방안 연구-과천시 사례를 중심으로", 『한국경관학회지』 1(9), 2009. p.7.

은 도시의 이미지를 결정하는 상징적인 가치가 있음을 알 수 있다.

전술한 것처럼 관악산은 지형적·지리적 특성으로 인해 조선시대부터 현재까지 어디서나 쉽게 조망되었고, 이는 최근까지 상징적 조망경관으로서 그 가치가 지속되고 있음을 뜻한다. 따라서 정서적 의미에 기반한 상징적 가치가 시대에 따라 변화한다면, 물리적 측면에서 나타나는 외향적인 상징성은 시대가 변화함에도 불구하고 지속적으로 유지되는 특성이 있음을 알 수 있다.

공유재적 가치

공유재(共有財, common pool resources)[38] 적 가치는 인간이 공공재 또는 사적재라는 재산적 가치를 판단함에 있어 사회가 공유하는 재산으로 인식하고 이를 함께 이용 및 관리하는 가치를 말한다. 이는 소유권이나 제도, 규칙 등과 같은 사회적 규범 및 인식 등에서 나타나고, 소유권 체제에 따라 사용 및 관리 형태가 매우 다르게 나타난다.

근교산의 경우 재산으로 소유하고 있는 사람들과 이를 관리하는 주체 및 이용객들 사이의 인식 차이로 인해 갈등이 발생하기도 하고, 이것이 공유재적 가치에 영향을 미치기도 한다. 따라서 각각의 주체가 나타날 수 있는 소유권, 관리 체계, 사회적 인식을 시대별로 분석함으로써 공유재적 가치가 어떻게 지속되고, 변화되어 왔는지 알아보고자 한다. 또한 가치 변화의 양상을 통해 이를 변화시키는 주요 요인과 영향 관계를 파악하고자 한다.

---

38) 공유재란 "공공재 가운데 경합성은 있으나 배제가 불가능한 재화를 말한다. 즉 소비는 경합적이나 배제에 따른 비용 부담이 과중해 배제의 원칙이 적용되기 어려운 재화가 공유재다. 공유재도 민간 부문에서 생산·공급이 가능하다는 측면에서 준(準)공공재에 속한다. 이러한 공유재에는 천연자원이나 희귀 동식물, 녹지, 국립공원, 하천, 기타 공공시설에 속한다. 공유재의 비배제성 때문에 공유재에는 과소비와 공급 비용 귀착 문제가 야기된다(이종수, 『행정학사전』, 서울: 대영문화사, 2009)."

소유권 측면에서 근교산은 조선시대 무주공산(無主空山)이라 하여 주인이 따로 없는 공유자원이었다. 이는 산림공유제(山林共有制)라는 정책에 따른 것이었고, 공유자원을 관리하기 위해 공공은 중앙정부와 지방정부의 이원화된 체계로 운영되었다.

근교산의 공유재적 가치는 조선 후기 산림사점에 따른 갈등 발생과 일제강점기의 산림 소유의 변화 및 상업화로 인해 점차 감소하였다. 그러나 근교산의 일부는 공원 지정과 같은 사회적 규범에 의해 공유재로서의 가치가 지속되기도 하였다. 최근까지 상업화에 대한 우려, 위락문화의 건전성 등과 같은 측면에서 공공성을 유지함으로써 공유재적 가치를 증진시키고 있다.

관악산은 다양한 공적 여가공간 시설을 도입함으로써 대중을 위한 공간으로서의 가치가 확대되었다. 이러한 변화 속에 다양한 사회구성원이 근교산으로서 가치를 높이기 위한 활동을 진행하고 있으며, 관리에서도 공공뿐 아니라 사회구성원들이 함께 공유하고자 하는 시도가 이루어지고 있다. 따라서 본 절에서는 산림 소유에 따른 공유자원(common resources, 共有資源)[39]으로서의 가치, 사회적 규범에 따른 공공공간으로서 가치, 다양한 주체를 고려한 대중여가 공간으로서의 가치 측면에서 공유재적 가치를 살펴보고자 한다.

---

39) 공유자원이란 소유권이 어느 특정한 개인에게 있지 않고, 사회 전체에 속하는 자원을 말한다. 자연자본(自然資本) 또는 사회적 공통자본(社會的共通資本)이라고도 한다. 공기·하천·호소(湖沼) 및 국가나 지방자치단체가 소유하고 있는 토지 등이 이에 해당한다. 이것을 형성하는 토지·산하(山河)가 비록 사유(私有)일지라도, 이것이 가져다주는 아름다운 자연경관 등은 사회 전체의 것이라고 할 수 있다. 자연적으로 형성된 것뿐만 아니라, 항만(港灣)·도로 등과 같이 공공의 목적으로 축조된 사회간접자본도 사회 전체에 속하며, 모든 개인에게 필요하고, 이용도 가능하다. 이와 같은 공유자원을 이용함으로써 발생하는 비용은 사회전체가 부담하게 된다. (두산백과 홈페이지 http:www.doopedia.co.kr/(공유자원) 참조)

가치 10. 산림 소유에 따른 공유자원으로서 가치

산림공유제와 공유자원 관리

조선왕조 경국대전(經國大典)에 의하면 여민공리 정책에 따라 산림공유제(山林共有制)가 원칙이었고,[40) 무주공산(無主空山)이라 하여 산림은 개인이 소유할 수 없었다. 조선이 이러한 산림정책을 선택한 것은 고려 말에 권세가들에 의해 산림이 사점화되어 인민이 수탈 당하고 국가 재용이 부족해짐에 따라 이를 다시 국가의 통제 내로 끌어들이고자 한 것이다.[41) 이는 현대사회와 달리 전통사회에서 산림이 생활과 경제활동에 미치는 영향이 매우 컸기 때문이다. "산림이란 것은 나라의 세금이 나오는 곳이니 산림에 대한 행정을 성왕(聖王)은 소중히 하였다"라고 말할 정도로, 산림은 국가 재정에서도 중요한 역할을 차지하였다.[42)

---

40) 경국대전(經國大典)에 의하면 "사점시초장자장팔십(私占柴草場者杖八十)", 즉 "시장이나 초장을 사사로이 점유하는 자는 장팔십에 처한다"라고 하여, 사사로이 차지하여 다른 사람의 접근을 막는 행위, 다시 말해 사적·배타적으로 사용·수익하는 행위를 금하는 것이다.

41) 배재수, 김선경, 이기봉, 주린원, 『조선후기 산림정책사』, 서울: 임업연구원, 2002, p.7

42) 박경석, "조선시대의 산림제도", 『국립산림과학원 연구정보』 75, 1997, p.43

표 4-2-1. 조선시대 산림관리 조직

조직		관리 지역	담당 업무
중앙 정부	병조	한양 도성내 산과 성저십리의 산, 왕릉 능침주변, 각 지방 일반산지, 봉수대 주변 산림, 송전, 금산, 봉산, 국방용 숲	보호 및 관리
	공조	한양 도성내의 산과 도성외곽인 성저십리, 왕궁주변의 주산	재식 및 이용
	예조	왕릉 능침주변	풍수지리
	형조		처벌
지방	한성부	각 지방의 일반산지, 송전, 금산, 봉산, 사찰주변	예방: 산송 병방: 입산암장
정부조직		시장(柴場)	-
사찰		사찰, 사고주변	-
춘추관		사고주변	-

자료: 김동현 외(2012) p.219, 김무진(2010), p.454. 를 바탕으로 필자 재정리

왕토사상(王土思想)에 의해 토지제도를 유지하였던 조선 전기의 산림제도는 국가 주도의 산림관리 및 이용체계가 지배적이었다.[43] 조선에서 산림사점은 법률에 의해 금지되었고 법적으로 모든 산림은 국유림이었다. 실제로는 국가가 관리하고 경영한 산림은 일부 특수 국유림이라 하여 따로 지정되었고, 무주공산의 소유권 체재로 자유접근이 가능한 것이었다. 이러한 산림정책으로 인해 산림은 공공이 관리하는 대상으로 인식되었고, 개인적인 이용은 금지되지만 공동 이용이 가능한 자원이었다.

그러나 조선시대의 전국의 산림이 모두 공용으로 이용 가능하고 입산이 자유로웠던 것은 아니었다. 금산(禁山)과 봉산(封山)이라는 산림정책에 따르면, 금산이란 산으로의 입산을 금했던 것이고, 봉산이란 산을 봉쇄한다는 뜻으로[44] 공공의 활용을 제약하는 산도 있었다. 조

---

43) 박경석, 앞의 책, pp.43-44.
44) 김홍순, "조선후기 산림정책 및 산림황폐화: 시장주의적 고찰과 그에 대한 비판", 『한국지역개발학회지』 20(2), 2008, p.171.

선시대의 산림은 소유제에 기반하여 공공관리가 매우 강력하였던 것을 알 수 있다.

조선시대의 산림관리는 매우 체계적이었는데, 김동현 외(2012)와 김무진(2010)의 산림 행정체계 연구에 따르면, 표 4-2-1과 같이 관리 지역과 담당 업무에 따라 관리 주체가 세분화되어 있는 것을 볼 수 있다. 담당 업무에 따라 병조는 보호 및 관리, 공조는 재식 및 이용, 예조는 풍수지리를 담당하였으며, 산불 예방 지역에 따라 한양 도성 내 산과 성저십리의 산은 병조, 한양 도성 내 산과 도성 외곽인 성저 십리는 공조, 송전·금산·봉전 등은 중앙과 지방이 함께 관리하는 등 수직적인 체계 속에서 산림관리가 이루어졌다.

이러한 산림관리 조직에서 알 수 있는 것은 첫째, 산림공유제에 따라 정부에서 공유자원을 관리하였고, 둘째, 중앙정부와 지방정부 가 같은 대상을 협력하여 관리하였으며, 셋째, 근교산이 가지는 다 양한 기능이 효율적으로 관리될 수 있도록 업무 분장을 하였다는 것이다. 이러한 특징은 여러 기관이 자원을 공유하는 기초적인 관 리 시스템으로 현재까지 유지되고 있다.

그러나 조선시대의 근교산이라 할 수 있는 백악산, 인왕산, 남산, 낙산 등 도성 내의 사산(四山)과 성저십리에 있는 산45)은 풍수지리 사상과 군사적 목적에 따라 별도로 관리하는 대상이었기 때문에 그 이용 행태가 달랐다. 조선시대 사산 및 북한산이 특정 국유림에 해 당하는 산이었음은 현대의 소유 관계에서도 파악할 수 있다.

서울의 산지는 전체 산림의 49.5%가 사유지, 40.8%가 국유지로,

---

45) 산의 범위는 점차 확대되어 매우 넓어졌는데, 1445년(세종 27)에는 아차산까지 모두 나무하고 벌채하는 것을 금하였다(김무진(2010), p.459).

공유지는 10% 미만을 차지하고 있다. 북한산국립공원, 남산, 수락산, 북악산, 인왕산 일대에 국유지가 밀집하여 분포하고 있는 것을 보면,[46] 조선시대의 특정 국유림에 해당하였을 것으로 파악된다. 사산은 공조와 한성부가 주무관서이었고, 군사적인 이유에서 병조가 관련되었다.[47] 그림 4-2-1과 같이 사산금표도를 통해 사산에는 집을 짓거나 경작을 금하는 등, 현대의 개발제한구역과 같은 규제가 있었다. 하지만 이는 금산이나 봉산에 해당하지는 않았다.

조선시대 때 관악산은 금양에 해당하였고, 풍수지리사상에 의해 조산(朝山)이자 오악(五惡) 중 하나로서 국가 제사가 이루어지는 큰 산 중 하나였다. 조선시대 관악산은 풍수지리적으로 중요하였기 때문에, 조선왕조실록에 의하면 왕은 기우제 등의 행사를 위해 예조에게 업무를 내리거나, 사고가 발생하면 형조에게 이를 해결할 수 있도록 지침을 내리는 등 중앙정부의 관리 대상이었음을 알 수 있다.

---

46) 서울특별시, 『서울특별시 1차 산지관리지역계획(2013-2017)』 2014, p.26.
47) 김무진, 앞의 책, p.469.

성종 32권 4년 7월 26일 (을묘) 4번째 기사

형조에서 관악산의 도적과, 전의감의 면포를 훔친 자를 처벌할 것을 청하다.

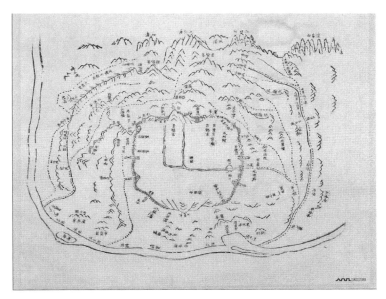

그림 4-2-1. 사산금표도
자료 스타일, 가운데 정렬

산림 사유화와 상업화에 따른 공유 가치 변화

조선 전기의 산림정책은 산림공유제에 기반하여 산림사점을 조선후기의 산림사점으로 인한 갈등은 산림 소유의 형태 변화에 영향을 미쳤다.[48] 조선후기의 산림사점으로 인한 갈등은 산림 소유의 형태 변화에 영향을 미쳤다.

왕실이나 권세가들은 서울에 거주하며 이용하기 편리한 산림을 입안 절수(立案 折受)의 방식으로 산림을 사점하여 개간을 통해 법적으

---

48) 김선경, "조선후기 산송과 (山訟) 산림 소유권의 실태", 『동방학지』 77(7), 1993, pp. 497-499.

로 소유하고, 인민의 자유로운 산림이용을 막고 산림 이용의 댓가로 땔감을 받는 등 갈등의 원인이 되었다.[49] 또한, 사점지가 확대되면서 산림에 접근할 수 없게된 계층도 늘어나게 되었고, 사점하지 못한 계층들 중심으로 촌락공용림을 확보하게 되었고, 촌락공용림의 관리를 위해규제에 따라 이용 및 입산하였다. 특히 토지의 생산성과 접근도가 좋은 산 기슭은 사유지로 점유되었고, 상대적으로 생산성이 낮거나 접근도가 떨어지는 산중턱은 촌락공용지로 나타나게 되었으며, 현저히 떨어지는 산정상부는 무주지로 소유형태가 변화되었다.[50]

산림사점에 따른 갈등이 심각하기도 하였지만, 산림 소유에 가장 큰 변화를 미친 것은 1912년 토지조사령과 1911년 6월 20일 산림령(森林令) 공포였다. 삼림법 제1조에서 삼림을 소유자에 따라 제실림(帝室林), 국유림(國有林), 공유림(公有林) 및 사유림(私有林)으로 구분하고, 국유림은 불요존국유림과 요존국유림으로 분류하는 등[51] 이 당시의 산림 소유 분류는 현재의 산림 소유 구분으로 이어지고 있다.

조선 후기 관악산의 산림 소유가 어느 정도였는지를 정확히 파악하기는 어려우나, 일제강점기 때 임업조사 보고서에 따르면 예측할 수 있다. 1935년 일제강점기 임야조사서를 분석해 보면, 관악산 중 현재 관악구에 해당하는 신림리와 봉천리의 소유권 현황이 국유림 53.73%, 사유림 46.27%로 나타나 국유림의 비율이 높다. 그러나 국유림 중 연고자가 있는 국유림이 53.73% 중 35%에 해당하므로 순수한 국유림은 약 18%에 해당하여, 1935년 기준으로 본다면 산

---

49) 김선경, "조선후기 산림소유권의 변천과정", 『조선후기 산림 정책사』, 2002, pp.10-12를 바탕으로 필자 재정리함.

50) 최병택, 『일제하 조선 임야 조사사업과 산림 정책』, 서울. 푸른역사, 2010, pp.28-29, 37

51) 이우연, 앞의 책, pp.75-116.

림의 소유는 국가 소유의 국유림보다는 사유림이거나 공용림[52]이 었을 가능성이 높다(표 4-2-2 참조).

표 4-2-2. 임야조사사업 직후의 시흥군 내 신림리와 봉천리의 국·민유림 면적
(단위: 정보町步)

구분[주1]		신림리	봉천리	계
전체 임야	필지	188	174	362
	면적	1,365.02	582.31	1947.33
민유림 면적 및 비율	필지	126	130	256
	면적	560.54	340.45	900.99
	전체 면적 대비 비율(%)	41	58.5	46.27
국유림 면적 및 비율	필지	62	44	106
	면적	804.48	241.86	1046.34
	전체 면적 대비 비율(%)	59	41.5	53.73
국유림 중 연고자가 있는 임야의 면적과 비율	필지	54	40	94
	면적	127.8	238.37	366.17
	국유림 중에서 차지하는 면적비(%)	15.9	98.5	35.00

주1: 관악산의 행정구역 중 신림리와 봉촌리에 해당하는 면적만 정리함
(자료: 최병택(2008) 필자 재정리)

52) 최병택(2013)에 의하면 조선 후기 산림사점으로 인해 산기슭이 사유화되면서 산기슭 위 산 중 턱의 임야를 마을 사람들이 공동으로 소유하고 관리하는 촌락공용림이 형성되었다고 한다. 이 러한 촌락공용림은 소유가 있으나 개인적인 것이 아니었기 때문에, 연고자가 있으나 국유림으 로 포함되었을 가능성이 높다.

최병택(2013)에 따르면 신림리의 경우 국유림 62필지 가운데 54
필지에 연고자가 있어 필지 수로 보면 대부분 연고자가 있다. 그러
나 필지가 아닌 면적 정보로 보면 국유림 804여 정보 가운데 연고
자가 있는 곳은 불과 127여 정보로, 필지 수에 따른 연고자와 면적
에 따른 연고자 차이가 매우 크다는 것을 알 수 있다. 또한 신림리
의 경우 산세가 비교적 험준한 관악산 등의 산기슭에 자리 잡은 곳
과 산 정상에 가깝거나 비탈에 위치한 곳을 비교해 보면, 산기슭에
입지한 필지는 연고자가 있는 곳이 상대적으로 많으며, 산 정상에
가까울수록 대면적의 산지이고, 조선 후기 이후에도 비점유지 상태
가 유지된 곳이었음을 알 수 있다.

필지수, 면적, 위치 등에 따른 소유권을 살펴보면 국유림으로 편
입된 지역은 대부분 산 정상이 가까우며, 민가에서 멀리 떨어지거
나 고도 및 경사도가 높은 장소였고, 면적이 넓은 것으로 판단된다.

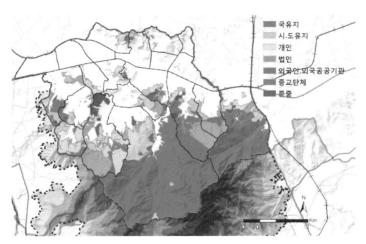

그림 4-2-2. 관악구 관악산의 토지 소유 분포 현황
자료 : 국가공간정보포털 참조

조선 후기의 산림 소유의 형태는 산기슭은 사유림, 산 중턱은 촌락공용림, 산 정상은 무주림의 형태를 띠었는데, 현대의 산림 소유 분포 현황을 살펴보면 그 당시의 산림 소유 형태가 지속되었음을 추측해 볼 수 있다.(그림 4-2-4 참조)

현대의 산림 소유를 유추해서 본다면 지도에서도 산 정상부를 제외한 산기슭과 중턱은 개인 또는 법인, 외국인, 종교단체, 종중 등이 소유하고 있는 것을 알 수 있다. 조선시대의 관악산이 한강 이남까지 넓게 펼쳐져 있었던 것으로 본다면, 산기슭이 현재는 많이 개발되어 비율적으로는 국유지가 많이 남아있는 것으로 보이지만, 조선시대의 사유림은 개발로 인해 현재 감소된 것으로 파악된다. 종중 소유의 땅은 대부분 조선시대부터 전통적으로 내려온 재산으로서 조선 후기 씨족사회를 구성하고 촌락을 형성하여 살던 사회적 특성상 공용자원의 근거가 될 수 있다.

종합해 보면, 산기슭은 대부분 사유림이었으며 산중턱은 촌락공용림의 형태가 있었을 것이고, 산 정상은 무주림으로서 현재에도 국유림의 형태로 유지되고 있음을 알 수 있다. 이러한 사유림에 따른 관악산의 사유화는 상업시설의 입지와도 연계되었으며, 공유재적인 가치가 감소하고 민영화되는 과정에 놓이게 되었다.

관악산의 이용객 증가와 범죄 발생 등에 따른 관리의 어려움으로 인해 관악산을 개발하고자 하는 사회적 인식이 증가하였다. 1959년 케이블카 설치,[53] 골프장·승마장과 묘지공원·화원 등을 개발하는 관악 컨트리클럽 개장,[54] 관악산 개발 등 위락시설의 적극적 도입

---

53) 동아일보, "서울에 케블카 가설", 1959.8.29.

54) 동아일보, "관악 컨트리클럽개장", 1967.8.26.

을 통한 관악산의 활성화 방안이 제시되었고, 이러한 상업화에 따라 공유재적 가치는 감소하였다. 그러나 민간은 사적 가치의 증대를 위해 녹화사업이 필요하였고, 공공은 민둥산인 관악산을 관리하기 위해 조림사업이 필요하였다. 관악산은 분리될 수 없는 하나의 생태계이자 경관자원, 여가자원으로서 사유림과 국유림이 모두 녹화 대상이었다. 이러한 배경은 민관합동을 필요로 하였고, 산주와 군 관계자는 녹화사업을 위해 기금을 협상하기도 하였다.[55]

> 전부터 숙제로 내려오던 도립공원 계획인 시흥관악산의 녹화공작을 하기 위하여 시흥군산림계에서 지주들을 망라하여 민영사방조합을 조직하고 이래 실시 방침을 강구하였었는데 대체 민부담 이만원 관영식 륙만원의 거액의 구체안이성립되어 지난 십칠일 오전십시에 시흥군청회의실에서 목하영씨 사회 하에 역원회를 개최하고 소화십일년수지예산 기타 진행사항을 협의하고 오후이시에 폐회하였다는데 금번 공사는 백만부민의 일대유원지인 강남절승의 지역을 나타내리라고 한다(동아일보, "시흥관악산을 부민의 유원지로 계획", 1936.08.21).

이 당시 민영사방조합은 현대의 민관 파트너십에 의한 산지 관리 운영으로 볼 수 있다는 데 의의가 있다. 또한 녹화사업을 통해 도립공원을 지정하고자 하였고, 이는 1949년에도 다시 시도되는 등 지속적으로 관악산을 도립공원으로 지정하려는 노력이 민관 모두에게 있었다. 이것은 관악산의 도립공원 지정이 지역개발의 수단이며, 점차 늘어나는 이용객은 재산의 가치 증진과도 연결된다고 판단하

---

55) 이 기사에 따르면 사유림을 소유한 사람들은 관리에 대한 책임을 일부 가지고 있었던 것으로 판단되어 2만 원(1935년 돈의 가치 기준)이라는 금액에 지불 의사가 있었던 것을 알 수 있다. 1935년도 돈의 가치로서 추정해 본다면 민유림의 필지 수가 256개소(2만 원), 국유림의 필지 수가 106개소(16만 원)로, 각각에 금액을 계산한다면 총 18만 원으로 기사에 따르면 매우 큰 돈이었음을 추정할 수 있다.

였기 때문이다.

또 다른 사례로 서울농대연습림을 들 수 있다. 경기도 안양읍 비산리 산3에 있는 서울농대연습림 72만 평은 당초 일제 때 조선총독부 소유였다. 일제는 이 당시 조림녹화정책의 일환으로 국유지를 개인에게 무상으로 대부시켜 조림하도록 하고 조림사업을 성공적으로 추진하면 15년 후 소유권을 개인에게 넘겨주는 등의 일을 진행하였다.[56] 그러나, 철종의 부마 박영효의 후손과 국가가 소유권을 두고 소송이 발생한 사례이기도 하다. 당시 국유지라 할지라도 국가가 조림사업을 민간에게 대부하고자 하였다는 것은 민간의 협조가 필요함을 시사하나, 이는 민간과의 갈등의 시초가 되기도 함을 알 수 있다. 이러한 국유림 관리정책을 통해 관악산을 관리하는 데 있어서 국가도 민간과의 협동이 필요했음을 알 수 있다.

그러나 4.19 사건을 기점으로 산림관리가 군으로 이양되고, 관리당국의 인원 부족으로 도벌이 심해졌으며, 3명뿐인 군 산림관으로는 관리가 매우 힘들어 그림 4-2-3과 같이 산림은 황폐화되는 현상이 발생하였다. 결국 관악산은 절경(絕景)에서 절경(切景)이 되었다고 하였다.[57]

---

56) 동아일보 "15億(억)땅 國家勝訴(국가승소) 엎치락 뒤치락 法廷鬪爭(법정투쟁) 六年(육년)", 1970.8.1.

57) 동아일보, "헐벗기는 「冠岳의 山林」", 1961.4.23.

그림 4-2-3. 도벌로 황폐해진 관악산
자료: 동아일보 1961. 04.24 참조

그림 4-2-4. 관리가 잘 되어있는 관악산
자료: 채진해 촬영

이러한 사유화에 따른 민간 개발과 공공의 관리 부족 등은 공유
자원 관리에 문제를 일으켰고, 산림은 점점 황폐해졌다. 이는 생태
적 가치에도 부정적인 영향을 미칠 수밖에 없었고, 경관적인 측면
의 가치도 감소하였을 것으로 판단된다. 그러나 그림 4-2-4를 보면,
현재는 산림이 매우 울창하게 유지되고, 식생의 생태적 안정화를
이루고 있음을 확인할 수 있다. 이러한 산림생태계의 공유재적 가
치를 유지하기 위해 산림보호운동, 개발제한구역 지정, 풍치지구
지정 등이 매우 중요한 역할을 했을 것으로 판단된다. 즉, 산림보호
운동, 나무심기, 자연보호운동 등은 사회적으로 산림을 훼손하지
못하도록 하는 사회적 인식을 형성시켰고, 1941년 풍치지구 지정58)

---

58) 1941 풍치지구 지정: ① 북악을 중심한 지역 일대, ② 성북동 일대 ③ 돈암동 및 안암동 방면
　　④ 낙타산 및 숭인동 방면 ⑤ 청량리동 및 회기동 방면 ⑥ 휘경동·전농동 방면 ⑦ 남산 및
　　그 부근의 산지지대 ⑧ 한강 및 강안대지(江岸臺地) 일대 ⑨ 노량진 상도동 방면 ⑩ 연희·신

이나 1971년 개발제한구역 지정 등은 사회적 규범으로 산림 훼손을 방지하기 위한 제도적 기틀로서 공유재적 가치를 유지하는 요인이 되었다.

가치 11. 사회적 규범에 따른 공공공간으로서의 가치

도시계획시설로서 관악산

일제강점기에 사유림의 증가와 상업화가 이루어지기도 하였으나, 공원 지정을 통해 근교산은 공적 여가공간 및 공공공간으로 자리매김하기도 하였다. 1934년 조선총독부에 의해 '조산시가지 계획령'이 제정되어 토지구획정리사업에 의한 공원 조성 여건이 마련되었고, 1936년 조선총독부에 의한 '경성부 시가지 계획 공원결정 고시'로 도시계획에 의해 140개소, 약 13.8㎢의 공원이 결정되었는데, 이 당시 근교산에도 공원으로 지정되었다. 1940년 3월 21일 고지대, 구릉, 구성지, 사찰 경내, 사적지 등이 공원 용지로 지정, 고시되었는데 이 당시 남산, 북악산, 인왕산 공원 등과 상도근린공원(그 당시 관악산 기슭)이 공원으로 지정되었다.[59] 서울 경계의 확장으로 주변 경계지역이 서울로 편입되면서 1958년 용마지구(송정동, 광장동, 구의동) 945,000과 뚝도지구(자양동, 구의동) 1,462,000을 풍치지구로 지정하였으며,[60] 용마산을 용마공원으로 추가 지정하였다.

1962년 도시계획법 제정으로 우리 법에 의해 공원계획이 처음으

촌 방면 ⑪ 효창공원 일대의 구릉지 ⑫ 인왕산 및 그 배후 일대

59) 1940 공원 지정: 1940.3.2. 상도근린공원, 1940.3.12. 남산공원, 인왕산공원, 낙산근린공원, 삼청근린공원, 와룡근린공원, 청량근린공원, 궁동근린공원, 와우근린공원, (노고산근린공원, 노고산어린이공원), 상도근린공원

60) 강우철 외, 『 서울육백년사 제5권 상』, 서울: 서울특별시, 1983, p.649. 참조.

로 수립되었는데, 이는 공원이 하나의 도시계획시설로 입법화됨을 의미하는 것이었다. 공적 여가공간으로서 근교산의 공적 가치가 사회적 규범에 따라 지정되기 시작한 것이다. 그리고 1963년 12월 31일 북악산, 1967년 7월 21일 인왕산, 1968년 1월 15일 관악산이 추가로 공원으로 지정되었다. 1971년 개발제한구역이 최초로 고시되면서 1971년 8월 6일 북한산, 온수, 천왕, 대모산, 우면산, 인능산1, 청계산, 일자산, 길동생태공원이 공원으로 지정되었다. 1977년 도시공원 재정비계획에 따라 1977년 7월 9일 수락산, 불암산, 안산, 인능산2, 인능산3, 대모산 등 1977년 7월 14일 북한산, 봉산, 서오능 등이, 1977년 7월 9일 망우묘지공원 등이 지정되었고 1978년 구룡산, 대모산, 우면산 일대가 확대 지정되었다. 1980년 공원법 개정으로 도시공원법과 자연공원법으로 분리 제정되어, 1983년 북한산은 자연공원법에 의해 북한산국립공원으로 지정되었다.[61]

현재 서울의 전체 면적 중 공원으로 지정된 면적은 약 27.91% 산지로 지정된 면적은 약 22.94%에 해당한다. 그중 근교산에 입지한 도시자연공원과 국립공원의 면적을 합하면 공원에서는 약 59.47%에 해당하고, 근교산 면적 중에는 약 72.33%에 해당한다. 실제 도시자연공원이 임야가 아닌 지목에 포함된 것을 제외하더라도, 근교산에 근린공원이 많이 지정되어 있기 때문에, 근교산에 공원이 지정된 면적은 매우 넓은 것으로 판단된다(그림 4-2-5 참조).

---

61) 서울특별시 홈페이지 2020년 공원 현황의 공원별 지정 연도를 기준으로 필자가 정리한 내용이다.

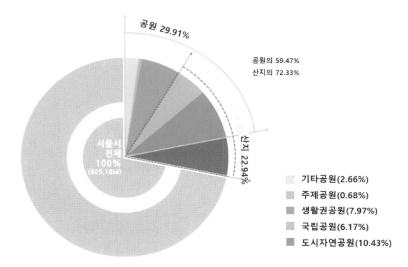

그림 4-2-5. 서울시 근교산의 도시공원 지정 비율

자료: 2020 서울시 통계연보 및 2020 서울시 공원현황 참조하여 재작성

관악산은 이러한 공원의 공적 여가공간의 제도와 함께 변화하였
다. 그림 4-2-6과 같이 1920년대 후반 서울 쪽의 관악산 기슭에 해
당하는 한강에 인접한 구역이 자연공원으로 계획되었으며, 그림
4-2-7의 1950년대 초 서울특별시 도시계획공원 변경 전·후 계획
도에서도 공원으로 지정되어 있음을 알 수 있다.

1955년 관악산 기슭에는 국군묘지(현재의 국립현충원)가 입지되
었고, 현재까지 묘지공원으로 활용되고 있으며, 인근에는 서달산이
공원으로 이용되고 있다. 이후 1963년 행정구역 개편과 1967년 공
원법 제정에 따라 관악산은 경기도 관리에서 서울, 안양, 과천으로
관리권한이 바뀌게 되었고, 1968년 1월 15일 공원으로 지정되어 공
적 여가공간으로서 자리매김하기 시작하였다. 그러나 이 당시의 공
원 지정은 도시계획시설로 상징적인 지정의 의미만 있을 뿐이었다.

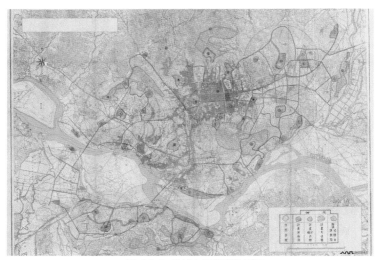

그림 4-2-6. 경성부 공원계획 지도

자료: https://museum.seoul.go.kr 참조

그림 4-2-7. 서울특별시 도시계획공원 변경 전·후 계획도

자료: https://museum.seoul.go.kr 참조

공공성 확보를 통한 공유 가치 증진

이상에서 공유재적 가치는 다양한 가치 갈등을 통해 변화되어 왔음을 알 수 있었다. 조선시대나 일제강점기에는 소유권이 누구에게 있느냐, 어느 정도 권한이 있느냐와 같은 재산의 의미로 그 갈등이 발생하였다면, 현대에 들어와서는 공원 지정 이후 어느 정도의 이용을 허용할 것인지, 공공성을 어디까지 확보할 것인지에 대한 갈등이 발생하였다. 이러한 갈등은 대부분 다수의 공익을 지키는 방향으로 귀결되었는데, 그 대표적인 사례로 첫째 상업화의 제한, 둘째 입장료 징수 여부, 셋째 취사 금지 여부와 같은 제도를 볼 수 있다.

관악산의 노점상 단속의 배경에는 1988년에 개최된 올림픽이 있다. 서울대학교 안에서 올림픽 탁구경기가 개최될 예정이었는데 이를 이유로 관악산 등산로 폐쇄와 관악산 등산로 입구 및 신림천변 다리 위 1백여 대의 포장마차를 강력히 단속하였다. 당시 노점상들은 매우 성황이어서 관악산 정상까지 진출해 있던 것을 제2광장 아래로 끌어내렸는데, 이것이 관악산 입구에 집중되다 보니 시장을 방불케 하였다고 한다. 영세 노점상과 관악구청의 실랑이는 계속 이어졌으나 1995년 노점상 관리구역 재조정 때 관악구 신림로(관악산 주차장 주변)가 노점상 금지구역으로 지정되면서 거의 사라졌다. 이제 관악산의 노점상은 몇 개소만 남아있을 뿐이다.[62] 이러한 노점상 문화, 취사 문화 등은 건전한 행락문화의 부재라는 사회적 지적을 받기도 하였는데,[63] 공공시설의 상업화 금지라는 사회적인

---

[62] 매일경제, "노점상 관리구역 재조정", 1995.10.10.
[63] 매일경제, "건전한 행락문화가 아쉽다", 1990.4.16.

인식을 형성하게 된 계기이기도 하다.

관악산의 입장료 징수 논란은 1990년대에 본격적으로 이루어졌다. 사실 그 이전에도 관악산에서 입장료를 받지 않은 것은 아니었다. 안양 쪽 관악산의 안양풀장은 이미 입장료를 징수하고 있었다. 그러나 그 당시 입장료 징수 주체는 민간이었고, 공공이 입장료를 받으려고 한 것은 1990년대부터이다. 1990년 경기도에서 관악산, 수락산 등 관내 관광유원지 및 등산로 이용객들 대상의 쓰레기 수거비 명목으로 내무부에 승인을 신청하고,[64] 1990년 7월 1일 입장료를 받기로 하였다. 그러나 입장료 징수에 대한 시민들의 찬반 논란이 지속적으로 발생하였다. 시민들은 비산공원(안양유원지) 이용객과 등산로 이용객의 차별을 주장하며 등산로 이용객은 달라야 함을 주장하였다.[65]

입장료 징수에 대한 논의가 활발했지만 1994년에는 관악산 서울대 옆 입구에서도 입장료를 징수하기 시작하였다. 입장료 징수의 목적은 쓰레기 청소뿐만 아니라 기금 조성, 사유지 임야 매입 등이었으며, 입장료 이용액은 이용 패턴을 감안한 차등 징수를 고려하였다.[66] 그러나 시민들은 강력하게 반발하였고, 액수의 과다와 관계없이 산과 공원을 돈을 내고 가야 한다면 헌법상의 「자연권」 박탈이라는 반론이 제기되기도 하였다.[67] 각종 논란에도 불구하고 1995년 12월 3일 기사에 따르면, 도시공원법이 관악산 같은 자연발생 유원지의 입장료를 받지 못하도록 하는 점을 피해, 쓰레기 수

---

64) 한겨레, "관악산 등 입장료 3월부터 받기로 경기, 내무부에 신청", 1990.2.16.
65) 동아일보, "안양비산공원 입장료 징수 등산객과 수년째 승강이", 1991.10.18.
66) 경향신문, "관악산 입장료 받는다", 1994.3.30.
67) 경향신문, "관악산 입장료 '꼭 받겠다' '말도 안돼'", 1994.4.4.

거료 명목으로 입장료를 받을 수 있도록 조례를 규정하여 1996년 1월 1일부터 징수하기로 하였다.[68]

그러나 논란이 많았던 입장료 문제는 2005년 1월 1일부터 폐지하기로 결정되었다. 30여 개에 이르는 진입로에 매표소는 단 3곳에 불과해 이용객들의 불편이 컸고, 입장료를 내지 않으려고 여기저기 등산로가 생기는 산림 훼손의 문제, 다른 도시자연공원은 입장료를 징수하지 않는 데서 오는 형평성의 문제가 지적된 것이다.[69] 이후 과천시가 금천구, 안양시에 이어 2007년 관악산 입장료를 폐지하면서 2007년부터 징수하지 않게 되었다.

이러한 공공성 확보를 위한 사례를 통해 결과적으로 공유자원을 관리하는 데는 사회적인 합의가 있어야 함을 알 수 있다. 입장료 징수가 자연권의 박탈을 의미한다는 것은 근교산의 자원적 가치를 공유재로 인식하는 것이고, 상업시설의 제한은 특히 공유자원을 관리함에 있어 특정 이익집단에 의해 영향받는 것을 최소화하는 것으로 해석할 수 있다. 그러나 공공성의 확보하고 공유재적 가치를 지속하기 위해서는 이러한 특정 집단의 이용 제한뿐만 아니라 개인의 활동에도 제한을 가해야 할 것이다(그림 4-2-8 참조).

---

68) 한겨레, "관악산 새해부터 입장료 받아", 1995.12.3.
69) 서울신문, "관악산 입장료 내년 폐지", 2004.7.13.

등산로 제한 애완견 출입 제한

그림 4-2-8. 개인의 활동 제한

자료: 채진해 촬영

가치 12. 다양한 주체를 고려한 대중여가 공간

일상공간으로서의 관악산

조선시대의 근교산은 탐승지이자 행락지로서 이용이 활발했는데, 이는 일상적인 활동이기보다는 비일상적인 활동에 따른 것이었다. 그러나 조선시대의 대표적인 근교산이었던 내사산은 주거지와 매우 밀접한 관계가 있었으며,[70] 그 당시 대표적인 여가시설인 정자도 근교산에 조성되었고, 조영자의 주거지가 매우 가깝게 위치한 것을 본다면,[71] 일상적으로 접근이 가능했을 것으로 판단된다. 그러나 이와 같은 일상적 접근은 양반에게나 가능한 일이었고, 서민들의 일상적 접근은 임산물 채취 등과 같은 생산활동을 위해 가능했던 것으로 판단된다.

관악산이 일상적인 공간으로 등장하게 된 것은 서울 쪽 관악산의 주거지역이 급격히 증가하면서 식수난(食水難)이 심각해지면서부터

---

70) 임희지, 『한성의 정체성 회복 이야기: 개잔 이후 한성의 공간변천사』, 파주: 도서출판 한울, 2014. pp.241-268.

71) 임의제, "조선시대 서울 누정의 조영특성에 관한 연구", 『서울학연구』 3, 1993, pp.239-240

이다. 수도시설이 완성되지 않은 지역에 철거민과 무허가 주택단지가 대량으로 건립되면서 관악구의 식수난이 심각해졌는데, 얼마나 심각했는지 마을 주민 사이에 분쟁이 일어나고,[72] 지역 주민들이 오염된 우물을 마시고 단체로 중독되는 등[73] 사건 사고가 끊임없이 발생하였다.

따라서 관악산 기슭 옛자하골을 따라 도처에서 흐르는 맑은 샘물은 주민들의 생활에 중요한 식수를 책임지게 되었다. 이 당시 새벽 등산이란 단어가 생겨났다. 새벽 등산과 약수는 불가분의 관계로 그 당시 등산 옷차림은 각양각색이어도 모두 물통을 허리춤에 차고 냉수마찰을 하는 모습이 기록되었다. 이때 관악산의 새벽 등산객은 100~150명으로 추정되며(그림 4-2-9 참조),[74] 이는 1980년대에 더욱 증가하였는데 통금이 해제된 것도 영향을 미쳤을 으로 판단된다.[75] 관악산의 약수터는 모두 40여 개로 이남지역 주민들에게 널리 알려져서 강서지역 주민들도 찾을 정도로 유명했다. 약수터에는 새벽 4시부터 사람이 몰리기 시작하였고, 식수난을 해결하고자 휴일에는 10~15만 명의 인파가 몰려드는 등 관악산은 주민들의 생활공간으로 등장하게 되었다(그림 4-2-10 참조).[76]

---

72) 경향신문, "목타는 식수난에 도전", 1973.8.10.

73) 경향신문, "예술인 아파트 5백여주민 오염 우물물에 중독 소동", 1976.3.23.

74) 매일경제, "새벽5시 조기등산", 1970.11.13.

75) 야간통행금지는 조선시대와 광복 이후 실시하였고, 1945년 9월 8일부터 실시하여 1982년 1월 5일 폐지되었다. 1961년부터 자정에서 4시까지 통금시간이었다한국민족문화대백과 홈페이지 (http://encykorea.aks.ac.kr/(야간통행금지) 참조)

76) 경향신문 "우리동네 약수터 관악산 일대", 1982.12.4.

그림 4-2-9. 새벽 등산
자료: 매일경제 1970.11.13.참조

그림 4-2-10. 식수난에 물을
구하는 사람들
자료: 경향신문 1982.12.04. 참조

그림 4-2-11. 관악산
연주사에서 밥보시 먹는 모습
자료: 월간말(1993)

약수 열풍은 1989년부터 1990년대 초에 최고조에 달하였다. 전국 정수장의 20%에서 세균이 검출되고 철, 카드뮴 등 중금속도 훨씬 초과하는 등 수돗물 오염이 심각하다는 정부의 발표는 수돗물의 불신을 가져왔다. 그리고 약수의 수질을 조사하게 되면서 약수에 대한 믿음도 약해져 1990년대 말부터 사람들은 약수에 대해서도 등을 돌리게 되었다.

국민 전반의 생활 수준이 높아지면서 1990년대는 놀이 문화에 대한 갈망이 증가한 시기였다. 하지만 그것을 충족할 만한 공간의 부족으로 주말이면 놀이공원과 공원으로 사람들이 떠도는 현상이 발생하였다. 우리나라 공원의 대부분을 차지하는 산이 도처에 있음에도 등산이 가족들의 여가활동으로서 제 역할을 하지 못하였다.

1996년 IMF는 한국인의 일상성을 위협하는 중대한 사건이었다.[77] IMF로 인한 경제위기는 사회적으로 대규모 명예퇴직자와 실직자를 양산하였다. IMF 한파로 도심 주변에 있는 산에 양복 차림

<hr />

77) 김문겸, "IMF가 일상생활에 미친 영향", 『사회조사연구』 19, 2004, pp.1-32.

의 실업자들의 발걸음이 잦아지면서 구인광고 안내지가 도심에서 등산로 입구로 어지럽게 나붙기 시작했다. 아침마다 정장 출근 후 갈 곳 없이 배회하다가 관악산 입구 등산복 대여점에서 등산복을 빌려 가는 손님이 부쩍 늘었다는 기사에서 볼 수 있듯이, '에브리데이 할리데이(Everyday Holiday)'족의 관악산 이용도 증가하였다.

이처럼 관악산은 에브리데이 할리데이(Everyday Holiday)의 대표적인 공간으로 등장하였다. 1995년 한겨레 기사에 따르면,[78] 관악산은 노인, 주부, 무직자, 자영업자 등 경제적으로 소득이 없거나 적은 사람들이 저비용으로 시간을 보내는 장소였다. 관악산이 대표적인 에브리데이 할리데이족의 집합 장소였던 것은 오랜 시간을 보낼 수 있을 뿐 아니라, 서울시의 취사야영 금지조치로[79] 인해 주요 산의 취사활동이 금지되자 연주사에서 시행한 밥 보시를[80] 무료로 먹을 수 있었기 때문으로 판단된다(그림 4-2-11 참조).

한국갤럽조사연구소(2010)에 따르면 산이 일상생활과 얼마나 관련 있는지에 대해 어느 정도 관련이 있다고 응답한 사람이 2006년 96.9%(전국 기준), 2010년 94.7%(전국 기준)로 대부분 일상생활과 관계있다고 인식하였다. 한국갤럽조사연구소(2015)에 따르면 2015년은 91.0%(전국 기준)였는데, 서울의 경우 일상생활과 산이 관련 있다고 생각한 사람이 88.8%였으며, 특히 매우 관련 있다고 생각

---

78) "공휴일이 아닌 평일에 관악산을 찾는 대부분의 사람들은 하루의 무료함을 달래고 건강을 염려하는 나이든 노인들, 집안일을 끝낸 주부들 또 가내 평화와 건강을 위해 불공을 드리는 불자들 그리고 일정한 직업이 없어서 집에 있자니 따분하고 짜증이 나서 산을 찾는 무직자들 그리고 자영업하는 사람들, 약수를 뜨러 가는 사람들이다(한겨레, 1995.12.17)."

79) 1990년 5월 건설부 고시를 통해 단풍철 불조심 캠페인 기간이 끝나는 11월 15일부터 취사·야영금지 등 세 가지 정책을 시행하겠다고 공표하였으며, 1990년 11월 15일 지정된 장소 외의 취사 및 야영금지조치를 전국 14개 공원 39개소에서 전격 시행하였다.(국립공원 역사 아카이브(http://www.knps.or.kr/history/(취사·야영전면금지)참조)

80) 이정용, "관악산에 올때는 빈손으로 오세요", 『월간말』 83, 1993, p.202.

한 사람이 36.8%(서울 기준)으로 높게 나타났다.

이와 관련하여 관악구 주민을 대상으로 조사한 산 이용 빈도를 살펴보면, 산을 이용하는 사람은 1주일에 1회 이상 이용하는 것으로 나타났다(그림 4-2-12 참조).[81] 관악산을 이용하는 사람들은 주로 휴식과 건강 목적으로 산을 이용하는 빈도가 높은데(그림 4-2-13 참조), 이는 산이 건강을 유지하기 위한 공간이며, 장시간의 휴식에도 비용이 들지 않는 공적인 여가공간이기 때문인 것으로 파악된다.

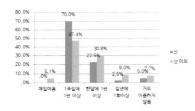

그림 4-2-12. 관악구민의 산 이용 빈도

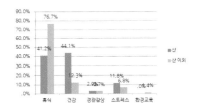

그림 4-2-13. 관악구민의 산 이용 동기

실제 관악산에서는 일상공간으로서의 활동이 매일 관찰된다. 대표적인 것으로 노인들의 오락 활동, 남녀노소가 운동시설에서 운동하는 모습, 산책하거나 등산하는 모습 등이 관찰된다(그림 4-2-14 참조). 이처럼 일상적으로 산을 이용하는 사람들을 보면, 노인들의 경우 그룹을 형성하여 매일매일 아침부터 저녁 6시까지 온종일 이용하고 주말에도 이용하는 것을 알 수 있다. 또한 운동시설의 경우 여성이나 젊은 계층들이 주말과 평일에 규칙적으로 이용하는 것을

---

81) 필자가 실시한 조사에 따르면 산을 주로 이용하는 사람들은 산이 아닌 다른 녹지를 이용하는 사람보다 산을 정기적으로 이용하는 횟수가 더욱 높게 나타났다(부록 참조).

알 수 있다. 이러한 일상적인 활동은 자원의 공유적 가치가 확대되고 있음을 의미하는 것이다.

휴식   건강

4-2-14. 최근의 일상공간으로서의 활동

자료: 채진해 촬영

보편적 서비스를 통한 다양한 사회구성원의 가치 공유

관악산을 비롯하여 근교산의 이용은 주로 남성들에게 편중되어 있었다. 조선시대 그림에서도 근교산을 이용하는 등장인물은 주로 남성이었고, 여성들은 기생으로 남성들의 여가활동을 위해 동반하였다. 전술한 바와 같이 여성들의 여가활동은 절을 찾거나 계곡에서 빨래하는 것과 같은 것이었는데, 이는 자연을 감상하거나 자아를 성찰하는 남성들의 활동과는 다른 것이었다. 관악산의 경우 산세가 험하고 죄인이나 도적들이 많아 위험한 곳이라는 인식이 강했고, 주변에 생활 주거지가 활발히 조성된 곳이 아니었기 때문에 관악산은 남성들에게 편향된 공간이었던 것이다. 이렇게 관악산이 남

성들에게 전유되는 것을 사회적인 문제로 인식하고 이를 해체하기 위한 노력이 있었다.

　여성들의 관악산 이용이 시작된 것은 여자대학생들의 등산대가 시초라고 할 수 있다(그림 4-2-15 참조). 그 당시 여자들은 혼자 등산하는 것보다 무리를 짓는 것이 추천되었는데, 여성 혼자 이용하기에는 위험하다는 인식이 있었기 때문이었다.[82] 이러한 안전에 대한 인식과 함께 남성 중심의 사회에서 젊은 여성들이 산을 타면 '재수 없다'라는 인식이 지배적이었고, 여성들은 등산을 힘들어했기 때문에 결과적으로 여성들의 등산은 매우 제한적이었다.[83] 그러나 남성들만의 레크리에이션을 가족 단위로 확산하기 위한 사회적 노력으로 주부들의 참여가 늘어났는데, 1983~1990년까지의 기사를 보면 여성들의 등산 참여가 확산되었다는 내용이 다루어지고 있어 여성들의 등산 참여가 사회적인 이슈였음을 알 수 있다.[84]

---

82) 동아일보, "야호 산은 부른다", 1964.10.8.

83) 경향신문, "주말 여가 틈탄 주부 등산", 1971.10.22.

84) 한겨레, "산 찾는 여성 부쩍 늘어", 1989.4.30.

그림 4-2-15. 여성 등산 시작	그림 4-2-16. 이벤트를 통한 여성참여
자료: 한겨레신문 1989.04.30. 참조	자료: 서울시 관악구청(2010), p.81.

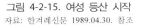

여성들의 관악산 활동 참여를 확대하기 위한 노력이 여러 방면으로 시도되었는데, 1989년 5월 9일 철쭉제가 그 시작이었다.85) 철쭉제의 프로그램은 철쭉아가씨 선발대회, 노래자랑, 주부백일장 등으로 구성되었고, 주로 젊은 여성과 주부들의 참여를 확대하기 위한 행사가 대다수를 차지하였다(그림4-2-16 참조). 이러한 노력과 함께 1995년 이후 다이어트에 대한 사회적 열풍으로 인해 여성의 등산 참여가 지속적으로 확대되었다. 이처럼 등산 활동에 남성뿐만 아니라 여성의 참여도 확대되었지만, 여전히 등산 인구는 '건강한 성인' 집단으로 한정되어 있었다.

---

85) 철쭉제는 관악구가 지방자치단체로 격상되면서 관악구 지역민들의 구민 애향심을 증진하기 위한 목적으로 시작되었다(관악 어제와 오늘 참조).

관악산의 대중적 이용 확산에는 공공의 노력뿐만 아니라 민간기업의 사회적 참여도 영향을 미쳤다. 개인과 가족이라는 공간이 사회적인 공간으로 변화하는 데 기업들의 마케팅이 접목되었다. 기업중 가장 먼저 변화에 대응한 것은 금융기관이었다. 금융회사들은 다양한 이벤트를 개최하여 고객 유치와 조직 단합을 통한 '사회 속의 기업'으로 거듭나고자 노력하였다. 이러한 배경에는 판매자 주도(Sellers' Market)에서 수요자 우위(Buyers' Market)로의 금융 환경 변화, 사회의 기업 참여 요구 등이 작용하였다.[86] 이 당시 관악산에 이용객이 얼마나 집중되었는지 살펴보면, 1992년에는 선거유세를 위해 관악산을 찾았고,[87] 삼성전자는 애니콜 무료이용 판촉행사를 관악산에서 실시하는 등 홍보마케팅 장소로 활용하였다.[88] 홍보마케팅의 장이 되었다는 것은 그만큼 장소와 이용객이 대중화되었다는 것을 뜻한다. 이처럼 소수의 향유 공간에서 다수의 대중공간으로 변화한 것은 관악산의 여가활동이 근대적 대중여가[89]의 양상을 나타내고 있는 것이다.

소수의 향유에서 다수의 대중화로의 변화에 시민들의 자발적 의지와 민간의 참여가 있었다면, 장애인이나 노인, 어린이, 유모차를 끄는 엄마들의 이용 확산은 정책적 노력에서 비롯되었다. 산림청의 산림을 통한 휴양적 가치와 복지적 측면을 통한 국민적 수요 대응 정책은 대중 공간이 모두의 공간으로 확산되는 계기가 되었다. 이는 건강한 시민이 험한 산을 타는 것이 아니라 사회구성원이라면

---

86) 매일경제, "금융기관 이벤트 사업 '물결'", 1994.6.5.
87) 한겨레, "젊은 유권자 집중 공략", 1992.12.6.
88) 매일경제, "삼성 애니콜 무료이용 이벤트", 1996.10.24.
89) 윤소영, "산림을 이용한 여가활동 현황과 기대효과", 『국토연구』 394, 2014, pp.38-43.

누구나 이용할 수 있도록 하기 위함이었다. 이를 위해 관악산에는 영유아들을 위한 청룡산 유아숲체험장, 장애인과 임산부, 유모차를 끄는 엄마들을 위한 관악산 무장애숲길 등이 조성되었다.

시대적 흐름 속에 살펴본 관악산은 다양한 주체가 함께 공유하는 자원으로 변화되었다고 볼 수 있다. 결과적으로는 다원적 가치를 공유하려는 노력으로 그 공유재적 가치의 특성이 더욱 강화되었고, 가치 공유의 강화는 여러 집단이나 단체 등에 의해 이루어졌다고 볼 수 있다.

남성들의 전유물이었던 등산 모임에서 여성들과 가족 단위의 이용 확산을 위해 모임을 주체하고 만들어낸 것은 자발적인 변화라고 볼 수 있지만, 공공의 계획적인 노력도 있었다. 안전성과 편리성을 강화한 공원 조성이 여성과 가족 단위의 접근을 용이하게 했지만, 비일상적인 축제 등을 통해 관악산 이용 계층을 확산하려는 노력과 홍보를 통한 공유재적 가치에 대한 인식의 확산도 관악산의 대중화에 이바지했던 것이다. 이후 사회적 약자와 가치를 공유하려는 사회적 요구, 공공의 노력은 다양한 시설을 조성케 하였고 접근을 용이하게 하였다. 이러한 측면은 근교산은 전통적 가치라고 할 수 있는 상징적 가치와 여가휴양적 가치뿐만 아니라 사회가 가지고 있는 과제를 수용하고 해결하는 장으로서 그 의미가 더욱 확대된 것이다.

이상과 같이 소유권, 관리 체계, 사회적 인식 등의 변화에 따라 공유재적 가치가치가 변화되었음을 알아보았다. 공유재적 가치는 법이나 제도 등에 매우 밀접함을 알 수 있었다. 임야소유권 변화, 공원제도 변화, 산림정책 변화 등은 그 시대의 공유재적 가치를 이끄는 하나의 요소였고, 사회적 인식은 이를 변화시키고 현재의 공유재적 가치를 유지하는 배경이 되었다. 공유재적 가치는 각종 사회적 규범에 따라 유지되어 온 것이다.

참여와 협력에 따른 관리와 이용

근교산의 관리 체계는 법률 지정 현황에 따라 살펴볼 수 있다. 서울특별시의 근교산의 경우, 산지 이용 시 개별법에 의해 행위 제한을 적용받는다. 개별법에는 산림문화 휴양에 관한 법률, 개발제한구역의 지정 및 관리에 관한 특별조치법, 도시공원법, 자연공원법, 문화재보호법 등이 있으며, 이러한 개별법은 산지관리법보다 강한 규제적 성격을 지니고 있다.[90] 서울 근교산은 총 16개의 관련 법에 의해 관리받고 있는데, 그 중 대부분은 내사산은 준보전산지에 해당하고, 외사산은 개발제한구역으로 지정되어 있음을 알 수 있다(그림 4-2-17 참조).

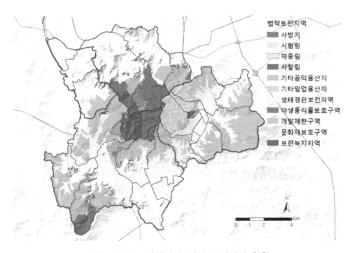

그림 4-2-17. 관악산의 법적 보전지정 현황

---

90) 서울특별시, 『2014 산지관리지역계획』 2014, pp.49-50.

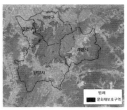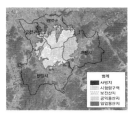

그림 4-2-18. 관악산의 법적 보전지정 현황
자료: 환경공간정보서비스(토지이용규제지역·지구도) 참조

구체적으로 관악산의 법적 지정 현황을 살펴보면 그림 4-2-18과 같은데, 관악산은 우선 행정구역으로는 서울시와 안양시, 과천시에 포함되어 있어 관리 주체가 서로 다르고, 개발제한구역과 자연녹지지역, 도시자연공원구역은 국토교통부, 사방지·시험림구역·채종림구역·보전산지·공익용산지·임업용산지 등은 산림청, 문화재보호구역은 문화재청의 관리를 받는 것으로 파악된다.

이와 같이 근교산을 관리함에 있어서도 조선시대 때의 공유자원 관리 시스템이 지속적으로 나타난 것으로 파악된다. 시대의 변천에 따라 풍수지리와 같은 업무는 사라졌을지라도, 생태경관보전지역 및 야생동식물보호구역 등과 같은 환경부의 업무라든가 문화재보호 등의 업무가 공유자원 관리 체계에서 새로 신설되었음을 알 수 있다. 자원의 특성상 한 주체의 일원화된 관리가 아닌 다원화된 관리 체계를 통해 그 자원의 공유적 가치를 지속하려는 노력이 있었음을 알 수 있다.

또한 다양한 사회적 수요에 따라 자원관리는 단순 조림뿐만 아니라 프로그램 운영 등과 같이 전문화되고 세분화되면서 다양한 양상으로 나타나고 있다. 자원봉사와 관악숲가꿈이가 대표적인 사례이다(그림 4-2-19 참조). 관리 부분에서의 참여 확대와 프로그램 운영에 대한 민간 협력은 관리 시스템에서도 공유재적인 가치가 증가하고 있음을 의미한다.

자원봉사 활동
자료: 시사매거진, 2019.04.08.참조

관악숲가꿈이 활동
자료: 아시아경제, 2016.04.05.참조

그림 4-2-19. 자원봉사와 관악숲가꿈이의 활동

근교산 가치 변화의 동인은 무엇이며, 근교산은 보편적 가치를 지킬 수 있는가?

시대적 변천에 따른
근교산의 다원적 가치와
변화 동인

시대별 다원적 가치의 특성 및 상호 관계

공간으로서의 근교산의 다원적 가치는 시대별로 공존하였다. 그러나 그 가치가 시대적으로 부각되거나 서로 영향을 미치는 특성이 있었다. 또한 각 가치가 전 시대에 걸쳐 나타날지라도, 그 가치의 의미는 변화하는 특징이 있었다(그림 5-1-1 참조). 조선시대에는 근교산의 상징적 가치가 매우 부각되었다. 관악산은 조산(祖山)으로서 기우제를 지내는 등 제의(祭儀)의 장이었다. 이러한 상징적 가치로 인해 금양(禁養)에 해당되어 산림은 벌채가 금해졌고, 훼손이 제한되었다. 관악산은 상징적 의미로 인해 특수 국유림에 해당되었고, 공유자원으로 관리되는 자원 중 하나였다. 상징적 가치의 강조는 생태적 가치와 공유재적 가치와 상호 관계가 있었음을 알 수 있다. 또한 상징적 가치에 따른 제의의 장으로서의 이용은 관악산의 여가 휴양적 가치에 부분적으로 영향을 미쳤다.

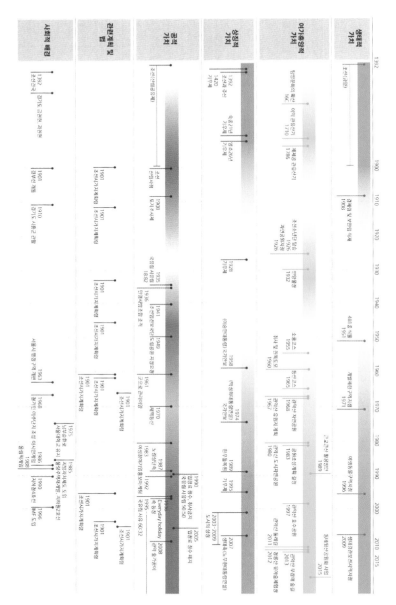

그림 5-1-1. 시대별 다원적 가치의 변화

일제강점기는 산림 사유화로 인해 상징적 가치와 공유재적 가치가 감소되는 시기였으며, 공유재적 가치의 감소로 인해 공공관리 체계에서 벗어난 산림이 매우 훼손되어 생태적 가치까지 감소하였다. 또한 이 당시 서울 관악산은 자연공원으로 지정되었으나 안양 관악산은 안양풀장이 개발되는 등 민영시설이 입지되는 산림 사유화로 인해 민영 관리가 시작되기도 하였다. 그러나 이 당시 등산이라는 새로운 오락문화의 등장과 위락시설의 도입 등으로 관악산의 여가휴양적 가치가 증가하기 시작하였다.

1960~1970년대는 도시개발이 한참이던 시절로 교통 개발로 인한 다원적 가치가 감소되는 시기였다. 생태적 단절로 인해 생태적 가치는 하락하였고, 임야의 많은 부분이 주거지로 개발되어 사유화되는 등 공유재적 가치가 감소하였다. 또한 대중교통의 발달과 지하철의 개통 등 대중교통체계의 변화로 인해, 관악산이 한양이나 경성부로 가는 길의 랜드마크라는 의미도 감소하였다. 한편, 홍수 등의 이유로 안양풀장 이용이 감소하고, 골프장 대신 서울대학교가 입지되는 등 상업시설로 인한 위락적 가치도 감소하였다. 미비하게 계곡을 중심으로 취사와 친목 도모 등의 여가문화가 남아 그 가치가 상대적으로 유지되었으며, 1968년 도시자연공원 지정, 1971년 개발제한구역 지정 등을 통해 다원적 가치를 지속하기 위한 사회적 규범이 형성되었다.

1970년대 도시화는 가치 혼란을 야기하였고, 사회적 규범에 의한 다양한 변화를 통해 1980년대는 도시 오픈스페이스로서 근교산의 가치가 부각되었다. 1983년에는 공원조성계획으로 인한 공원시설 도입 등 여가휴양적 가치가 부각되었다. 공공서비스 시설로 인해 공공관리가 시작되었고, 공유재적 가치가 더욱 증가하기 시작하였다. 이는 여가휴양적 가치의 증가로 공유재적 가치가 영향을 받게 된 것이다. 그러나 한편으로 생태적 가치가 1985년 현재의 모습과 비슷하게 형성됨으로써 여가휴양적 가치에 영향을 미쳤으며, 공유재적 가치를 증가시키는 데도 영향을 준 것으로 해석될 수 있다.

2005년 도시공원법 변경에 따라 사회적 규범에 의한 공유재적 가치는 감소하였으나, 2010년 이후 도입된 사회적 약자를 위한 시설과 다양한 동호회, 교육 프로그램 등의 증가로 사회구성원들의 공유재적 가치가 증가하였다. 이러한 공유재적 가치의 증가로 인해 여가휴양적인 행태도 다양해졌고, 생태 또한 생물종 다양성이 확보되는 등 지속가능한 개발을 위한 가치가 증가하였다.

이러한 시대적 가치 변화를 다시 정리하면, 조선시대는 상징적 가치가 주도적이었고, 1970년대 이전에는 여가휴양적 가치, 1970년대부터는 생태적 가치, 2005년 이후에는 공유재적 가치가 상대적으로 주도적이었음을 알 수 있었다. 이러한 가치의 주도는 절대적인 것은 아니었고 상대적인 측면에서 나타나는 것으로서, 전 시대를 걸쳐 지속적으로 나타나는 가치는 여가휴양적 가치였고, 가장 상호관계가 높은 가치는 생태적 가치와 공유재적 가치였음을 알 수 있었다. 이는 생태적 가치와 공유재적 가치가 동시성을 가지고 변화하는 특징이 있음을 의미한다. 그림 5-1-2를 보면 관악산 면적[91]은 1980년대부터 점차 증가하여 1985년도부터 현재까지 거의 일정하게 유지되거나 미비하게 증가하고 있는 것을 알 수 있다.

---

91) 이 면적은 현재 관악구 경계를 기준으로 토지피복도 상의 산림 비율을 말한다.

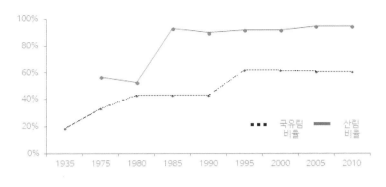

그림 5-1-2. 산림 비율과 국유림 비율의 변화
자료: 각 연도 임업통계연보, 토지피복도, 최병택(2008)을 참고하여 필자가 재정리

　일제강점기의 조림 면적을 알 수는 없지만, 조선 후기의 산림이 황폐화되고 해방 후에도 도벌이 매우 심했던 시대적 상황을 감안했을 때 조림 상태가 불량했을 것으로 판단된다. 이 당시 국유림 비율이[92] 1935년 약 20%에서 1980년대 약 40%, 1995년부터 지금까지 약 60%의 수준을 유지하는 것을 볼 수 있다. 도시개발로 인한 산지 면적 축소 등의 이유가 있지만, 관악구의 산지 면적을 보았을 때 현존한 산림의 60%는 국유림임을 알 수 있었다.

　두 그래프를 각 생태적 가치와 공유재적 가치와 연계하여 살펴본다면 그 변화 추이가 상호 관계가 있음을 알 수 있다. 공유재적 가치의 증가는 근교산 관리에 있어서 공공의 관리와 공유 인식, 녹화에 대한 노력과 보존 인식이 강하게 증가했기 때문인 것으로 판단된다. 따라서 생태적 가치와 공유재적 가치는 상호 보완적인 관계에 있음을 알 수 있다. 그러나 공유재적 가치 증진을 위한 공공관

---

92) 서울 관악구 기준의 산림 소유 면적을 추정으로 한다.

리의 강화는 여가활동을 부분적으로 제한함으로써 상호 상충되는 관계에 있기도 하였음을 알 수 있었다.

다원적 가치 변화의 동인(動因)으로서 사회적 규범

공원제도에 따른 관악산의 가치 변화

앞서 시대의 다원적 가치가 지속하고 변화하는 데 있어서 사회적 규범이 주요한 동인(動因)이었음을 알 수 있었다. 사회적 규범이 다원적 가치와 어떻게 관계를 형성하였는지를 살펴보면 다음과 같다.

우선 다원적 가치 형성에 영향을 준 대표적인 사회적 규범으로는 산림제도, 공원제도, 도시계획제도를 들 수 있다. 조선시대 근교산의 가치에 산림정책이 미친 영향은 매우 크다. 조선의 왕조는 여민공리 정책에 따라 산림공유제를 실시하였는데, 이는 우리나라의 산림관에 매우 큰 영향을 미쳤다. 이러한 산림관은 사산금표도나 금양정책에서 나타났으며, 이러한 산림정책에 의한 사상은 여가활동과 공유자원 관리에 영향을 미쳤다.

일제강점기에 시행한 토지소유제는 산림관의 변화뿐 아니라 여가활동, 공유자원 관리 등에 많은 영향을 미쳤으며, 산림이 훼손되는 등 생태적 가치에도 영향을 미쳤다. 그러나 사유화로 인한 상업시설의 도입은 위락공간으로서의 가치 발달에 긍정적인 영향을 미쳤다고 볼 수 있다.

1968년 도시공원 지정과 1971년 개발제한구역 도입은 매우 중요한 영향을 미친 요인이다. 최근에는 보편적 서비스라는 정책에 따라 사회구성원들이 참여할 수 있는 공간의 도입으로 가치 공유를

통한 사회적 공간으로의 변화에 영향을 미쳤다. 제도별 구체적인
변화는 다음과 같다(그림 5-2-1 참조).

첫째는 공원제도의 변화에 따른 관악산의 가치 변화이다. 관악산
은 도시공원제도와 밀접한 관계 속에서 변화되어 왔음을 알 수 있었
다. 조선시대 탐승의 가치와 일제강점기 이후 위락 가치가 매우 강
했던 관악산은 1930~40년대에 도립공원으로 지정하고자 하는 노력
이 강하였다. 이 당시에는 공원에 관한 법률이라든가 제도적인 기틀
이 없었지만, 관악산의 위락적인 역할이 있었고 이는 공원이라는 제
도를 통해서 유지되고 관리될 수 있다고 사회적으로 판단하였던 것
이다. 위락적 가치의 강화로 인해 유원지 계획이 수립되었고, 1967
년 서울시는 본격적으로 관악산을 비롯한 북한산 등에 유원지 계획
을 수립하고 서울의 대표 유원지로 조성하고자 하였다. 맘모스 어린
이공원, 케이블카 등의 계획이 수립되었으나, 1967년 공원법 제정으
로 1968년 관악산 자연공원이 지정되었다. 그러나 이 당시에는 지정
의 의미가 강했을 뿐 그에 따른 기반시설을 입지하지는 않았다.

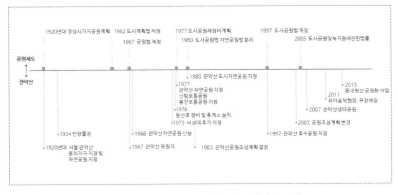

그림 5-1-3. 공원제도 변화에 따른 관악산 변화

1977년 도시공원 재정비계획으로 관악산 도시자연공원은 보통공원, 도시자연공원으로 구분되었다. 1980년 도시공원법과 자연공원법 분리에 의해 관악산은 도시자연공원으로 지정되었으며, 1983년 관악산공원 조성계획이 수립되는 등 공원법의 변화에 따라 관악산도 함께 변화하였다. 2005년 도시공원 및 녹지 등에 관한 법률에 의해 도시자연공원이 도시자연공원구역으로 변경되는 계획이 수립되었으나, 2007년 관악산생태공원 지정, 2015년 동네뒷산 공원화사업 등 지속적인 공원사업을 통해 관악산은 공적 여가공간으로서의 가치를 유지하고 있으며, 시기에 따라 위락, 여가, 생태라는 주제공원으로서의 가치를 구현하고 있음을 알 수 있다.

공원제도 변천에 따른 관악산의 가치 변화를 다시 정리하면, 1934년 자연공원 지정 이전의 관악산은 인간에게 있어 상징적 가치와 여가휴양적 가치가 가장 중요하였다. 생태적 가치와 공유재적 가치를 상징적 가치에 의해 형성된 이차적인 가치라고 하였을 때, 상징적 가치와 여가휴양적 가치가 상대적으로 중요하였다. 이후 토지소유제로 인해 상징적 가치가 감소한 반면, 여가휴양적 가치는 상대적으로 지속되었다. 이러한 배경에는 공원 지정이라는 제도적 틀과 유원지 지정 등과 같은 제도적 수단이 있었다.

1934년 자연공원 지정과 1968년 도시자연공원을 비교해 본다면, 1934년 서울 관악산은 자연공원으로 안양 관악산은 유원지로 이용되고 있었다. 1968년 행정구역 개편으로 관악산의 관리 권한이 부분적으로 서울로 이양되었는데, 1967년 유원지 계획을 수립하였으나 1968년 공원으로 지정되고 현재까지 공원적 가치가 지속된 것을 본다면, 근교산의 공원적 가치는 시대의 변화에도 불구하고 가장 오랫동안 지속되고 있는 가치임을 알 수 있었다.

산림 등 제도에 따른 관악산의 가치 변화

앞서 공원제도가 관악산의 다원적 가치를 지속하고 형성하는 데 매우 중요한 요인이었음을 알 수 있었다. 반면에 산림제도와 도시 제도는 가치를 변화시키는 요인이자 변곡점으로서 영향이 컸다. 조선시대의 관악산은 금양에 해당하는 산으로서 이는 관악산의 가치를 형성하는 데 중요한 영향을 미쳤다. 조선시대의 산림정책은 그 시대를 지배하는 사상을 반영하였고, 이는 가치 형성에 중요한 역할을 한 것으로 판단된다. 1908년 산림령의 시행과 이에 따른 임업 소유조사, 보안림 및 풍치지구 지정 등은 근교산의 생태적 가치와 여가휴양적 가치를 인식하고 있었음을 알 수 있다. 그 당시 보안림은 산림을 보존하기 위한 목적이었고, 풍치지구는 경치가 아름답고 사람들의 이용이 빈번한 곳을 지정하였기 때문에 매우 중요한 영향을 미쳤다. 그 이후에 풍치지구로 지정된 구역이 공원으로 지정되는 등 산림제도와 공원제도는 서로 영향을 미쳤다. 산림정책 중 일제강점기의 조림 대부를 통한 민관 협력 시스템은 사유림과 국유림 관리에 있어 공유적 모델이 필요함을 알려준다. 즉 이러한 정책을 통해 공유관리 체계가 필요함을 알 수 있었다.

1947년 사방 및 조림사업 10년 계획은 생태적 가치를 증가시켰고, 1970년대 치산녹화사업의 맥락에서 산림의 생태적 가치가 극대화되는 데 영향을 미쳤다. 1970년대 개간과 토석 채취 제한 및 명승지, 관광지 등 풍치 보호는 여가휴양 가치를 형성하기 위한 기틀을 마련하였다고 볼 수 있다. 1988년 자연휴양림 설치 등은 산림의 휴양적 가치를 증가시키는 사회적인 배경으로 작용하였다. 1997년 숲가꾸기 사업과 등산로 정비 및 도시림 계획, 2004년 도시숲가꾸기 사업 등은 근교산의 다원적 가치 향상에 영향을 미친 것으로 판단되어 진다. 2006년 산림법 폐지로 인해 산림자원의 관리에 일원화된 체계가 아닌 다원화된 관리 체계가 요구되고 있음을 알 수 있었다. 이는 산림의 다원적 기능에 따른 관리 체계의 전문화, 다원화에 따른 공유관리 체계가 필요하며, 이러한 산림제도의 변화는 공유재적 가치의 증가에 영향을 미침을 의미한다.

1985년 관악산은 현재 산림의 지형적 형태, 식생과 유사한 모습을 갖추게 된다. 이 시기는 전국적으로 지방자치제도가 도입된 시기이다. 이러한 시대적 배경과 더불어 근교산의 관리가 지방자치로 이양되었으며, 관악산은 도시공원 결정에 따른 시설지구 조성을 통해 본격적인 공적 여가공간으로 이용되기 시작하였다. 산림의 비율이 안정화에 진입한 1990년대에는 생태탐방 프로그램이 운영되었다. 결과적으로 산림의 안정화에 영향을 준 요인이 개발제한구역과 치산녹화정책이었다면, 이를 통해 생태적 교육과 여가휴양공간으로의 변화가 일어나는 등 가치가 상호 보완적으로 상승되었음을 알 수 있었다.

1990년대 후반에는 생태적 가치와 공유재적 가치가 강화되기 시작했다고 볼 수 있다. 1995년 야생동물보호구역이 지정되었으며, 2009년 생태경관보존지역이 지정되는 등 생태적 가치 증진을 위한 사회적 규범이 마련되었다. 그뿐만 아니라 1988년 공공성 확보를 위한 노점상 금지, 1990년 취사야영 금지 등 다양한 사회적 규범이 공적 가치를 증가시킴으로써 공유재적 가치 증가에 영향을 미쳤다.

이러한 일련의 사회적 규범은 일부 구역의 통제를 제한하거나 활동을 제한함으로써 간접적으로 여가활동의 가치에 부분적인 영향을 미친 것으로 판단된다. 이는 공유재적 가치와 여가휴양적 가치가 상호 상충될 수 있음을 알 수 있는 부분이다.

근교산으로서 관악산
보편적 가치와 특수성

근교산으로서 관악산의 보편적 가치

본 연구는 근교산으로서 관악산을 선정하고 관악산을 통해 근교산이 가지고 있는 보편성과 관악산의 특수성을 파악할 수 있었다. 관악산은 근교산으로서 생태, 시설, 사회적 제 요건 등의 항목에서 대표성을 띠고 있어 근교산이 가지는 보편적 가치를 파악하는 데 중요한 대상이었다. 관악산을 통해 근교산의 보편적 가치를 이해할 수 있는 것은 우리나라가 자원을 관리함에 있어 자원의 개별적인 특성을 고려하기보다는 시대를 지배하는 사상과 획일화된 제도를 따랐기 때문이다. 이러한 관리정책에 의해 근교산은 생태적 가치와 여가휴양적 가치, 상징적 가치, 공유재적 가치를 보편적으로 가지고 있었다.

근교산의 생태적 가치가 사회적으로 강조되기 시작한 것은 1970년대부터이다. 이는 도시개발이 한참 시행되었던 시기로, 도시의 무분별한 팽창을 막고 오픈스페이스를 보호하기 위해 개발제한구역 제도를 시행하였다. 전국적으로 도시의 개발과 개발제한구역이 지정된 시기이기도 하다. 또한 1960년대부터 추진한 나무심기사업과 자연보호운동 등, 전통적인 산림관과 주인의식을 고취하고 자연을 훼손하지 못하게 함으로써 생태적 가치를 향상시키기 위한 전국적인 노력이 있었다. 최근에는 야생동물보호구역, 생태·경관보존지역 등이 산림 내부에 지정됨으로써 생물종 다양성을 확보하는 등 근교산의 생태적 가치는 매우 보편적으로 나타나게 되었다. 여가휴양적 가치는 16세기 후반에 전국적으로 발생한 탐승문화의 발달에 따라 확산되었다. 일제강점기 등산의 도입은 사회 전반적인 현상으로 근교산의 탐방문화를 변화시킴과 동시에 대중적인 문화로 확산시키는 데 영향을 미쳤다. 그러나 근교산의 상업화는 남산의 하얏트호텔, 아차산의 워커힐호텔 등 일부 산에서 나타난 상황이며 보편적인 특성으로 볼 수는 없다. 그러나 도시자연공원 지정과 공원시설 도입 등에 따라 공적 여가문화공간이 형성되고 여가활동을 위한 제반 여건이 마련됨으로써, 여가휴양적으로 공적인 가치를 가지게 되었다.

상징적 가치 측면에서 우리나라의 근교산은 풍수지리사상에 의해 그 상징성이 부각되어 있다. 산을 대하는 지모사상(地母思相)과 숭배사상은 산을 신성한 곳을 여기는 근원적인 요인이 되고 있다. 마을마다 존재하였던 주산으로서의 근교산에도 상징적 의미가 있었다. 지모사상과 숭배사상에서 비롯된 지배적 사상은 근교산을 정신적 고향인 모산(母山)으로서 여기도록 했으며, 이는 보편적인 특성으로 판단된다.

공유재적 가치의 경우, 조선시대의 여민공리 정책에 의한 무주공산은 전국적인 제도로서 우리나라 사람들이 근교산을 공유재로 인식하는 근원이 되었다. 이러한 조선시대의 사상은 일제강점기에 토지조사제가 전국적으로 시행되면서 변화되었을 것으로 판단된다. 근교산의 공유림과 사유림 비율은 시대를 거치며 변화되었지만, 공공의 관리를 통한 공유재적 가치는 지속되어 왔다. 또한 다양한 관리 주체가 부분적으로 관리하는 시스템은 조선시대 때부터 지금까지 유지되어 온 것으로서 근교산의 다원적 가치가 존재하는 데 중요한 역할을 했다. 이는 근교산이 공유자원으로서 인식되고 관리되었음도 알 수 있게 해준다.

관악산 가치의 특수성

관악산은 근교산으로서의 다원적 가치를 가지고 있을 뿐 아니라 일반적인 근교산과는 다른 독특한 가치도 가지고 있다. 첫째, 관악산은 한강을 중심으로 한강 이북과 이남을 연결하는 중요한 생태축의 하나이다. 현재는 도시화와 도로 개발 등으로 인해 한강을 연결하는 물길과 산맥이 훼손되었지만, 도시개발 이전에는 생태계를 연결하는 구심점으로서 매우 중요한 가치가 있었음을 알 수 있었다.

둘째, 관악산은 넓게 분포되어 있으며 도시와의 인접부 경사가 가파르지 않아 오픈스페이스를 중심으로 야유회장, 무장애길, 호수공원, 유아숲체험장 등의 시설이 다수 입지된 대상 중 하나이다. 이러한 특성에 따라 관악산은 다양하고도 복합적인 여가문화를 양상하고 있음을 알 수 있었다.

셋째, 관악산은 풍수지리사상에 따라 조산(祖山)으로 인식되었고 화산(火山)이자 제의(祭儀)의 장으로서 활용되었던 국가적으로 매우 의미가 있는 장소였다. 그러나 현재는 사상적인 측면보다 기능적인 측면으로 변화됨에 따라 이러한 상징성이 사라졌음을 알 수 있었다.

넷째, 관악산은 상업화에 따른 위락공간으로서의 가치가 존재했던 곳으로, 역사적인 틀에서 그 의미를 찾아볼 수 있는 장소였다. 관악산은 안양풀장, 골프장과 같은 위락시설이 도입되었을 뿐 아니라, 입장료 징수 등과 같은 일련의 사건을 거치며 현재는 공유재적인 가치가 남아있는 장소임을 알 수 있었다.

관악산이 특수한 가치를 형성하는 데 영향을 미친 요인으로 첫째, 관악산의 지형과 지리적 특성, 둘째, 도시공원 변화와의 밀접한 연계, 셋째, 도시화로 인한 변화를 들 수 있다.

관악산은 조선시대 한강 이남까지 펼쳐져 있었기 때문에 한성부에서 가장 가까운 산림 중 하나였고, 산세의 독특함으로 인한 상징적 가치가 매우 높았다. 또한 경성부의 확장으로 관악산까지 경계가 확장되고 철도가 건설됨에 따라 한강 이남권의 대표적인 위락지로 성장할 수 있었다. 이후 행정구역 개편에 의해 일부가 서울에 편입되고 공원으로 지정되었으며, 그 이후 지방자치제도 시행으로 공원의 관리 권한이 이양되면서 서울시 정책에 직접적인 영향을 받으며 변화하였다. 공원 정책에 따른 근린공원, 생태공원 지정 등을 비롯한 다양한 사업 추진은 여가문화의 다양화에 기여하였고, 관악산이 사회적 공간으로 자리매김하는 데도 영향을 미쳤다.

관악산은 서울, 안양, 과천의 관리구역으로서 영향을 받았다. 안양유원지의 특성과 이로 인한 입장료 징수, 과천행궁의 위치로 인한 정조 행차길과 남태령로의 발달 등이 현재까지 지속되면서 관악산의 다원적 가치를 형성하는 데 영향을 미친 것이다. 현대에서는 한강 이남 개발로 인해 철거민 이주단지부터 급격한 주거지의 개발, 서울대학교를 비롯한 학교 등 공공기관의 입지는 관악산 주변을 형성하는 주요 요인으로서, 관악산의 도시 오픈스페이스로의 가치 증가에 영향을 미친 것으로 파악된다.

마무리하며

　본 연구는 우리나라의 지형적·문화적 특성이 반영된 공간으로서 근교산이 가지는 다원적 가치를 파악하고 이를 재정립하고자 하였다.

　이에 본 연구에서는 근교산이 인간과 밀접한 관계를 형성하는 공간이며, 시공간의 변천 속에서 다원적 가치가 발생함을 전제로 한다. 물리적 공간과 인지적 공간이라는 분석의 틀로 근교산의 다원적 가치를 구체적으로 살펴보았다. 그리고 물리적 공간과 인지적 공간에서 나타나는 근교산의 가치를 상호 관계 속에서 이해함으로써 그 본질적 가치를 찾고자 하였다. 또한 각 가치의 시대적 변화 양상과 상호 영향 관계를 파악하고, 이러한 변화와 상호 관계에 영향을 미치는 요인을 도출함으로써 가치의 본질과 본질에 미치는 사회적 규범에 대하여 알아보고자 하였다.

　이를 위해 조선시대부터 최근까지 시계열적인 관점에서 가치의 변화 양상을 살펴보았고, 구체적으로 살펴보고 분석하기 위해 우리나라를 대표하는 근교산으로 관악산을 선정하여 자원 특성, 공간 특성, 공간인식 특성, 사회적 규범 등을 분석하였다. 그 결과 다음과 같은 연구 결론이 정리되었다.

첫째, 우리나라에서 근교산은 생활공간과 근거리에 위치하여 지리적·정서적으로 인간과 매우 밀접한 관계가 형성된 공간의 산림으로 정의할 수 있다. 이는 정서적인 개념을 포함하며, 절대적인 거리 개념이 아닌 상대적인 거리 개념이 내포되어 있는 대상 자원임을 알 수 있었다. 자원적 특성으로는 자원의 내재적 자질이 매우 풍부하면서도 사회적 제 요건, 즉 레크리에이션 시설이 도입되어 있어 이용이 매우 편리한 대상임을 알 수 있었다. 일반 산과 차이가 있으며, 계획공원과도 차이가 있는 것으로 나타났다. 또한 상징적 공간에서 물리적 공간으로 가치가 변화된 장소로서, 우리나라 고유의 사상과 사회적 변화가 반영된 자원임을 알 수 있었고, 한국의 독특한 특성을 반영하는 공간임도 알 수 있었다. 이러한 특성에 의해 우리나라 사람들은 우리나라만의 고유의 가치관이 형성되어 있으며, 이것이 다른 나라와 차별화된 특징임을 알 수 있었다.

둘째, 근교산으로서 관악산의 물리적 공간에 나타나는 가치는 생태적 가치와 여가휴양적 가치였으며, 인지적 공간에 나타나는 가치는 상징적 가치와 공유재적 가치였다. 생태적 가치는 조선시대의 유기적 자연관에 의한 산과 물을 연결하는 생태 네트워크로서의 가치, 1970년대 도시개발에 대한 녹지의 중요성으로 파생된 도시 오픈스페이스로서의 가치, 최근 생물종 다양성 확보를 통한 지속가능한 발전으로서의 가치가 있었다. 생태적 가치는 산림 훼손으로 조선 후기부터 점차 감소하였으나, 조림사업의 추진과 개발제한구역 지정 등으로 1980년대부터 점차 증가하기 시작하였다. 여가휴양적 가치는 명승지로서의 가치, 위락공간으로서의 가치, 공적 여가공간으로서의 가치, 대중여가공간으로서의 가치가 있었다. 조선시대는 탐승활동에 따른 명승지가 발달하였으며, 일제강점기와 1968년 공원 지정 이전에는 유원지로서의 가치가 있었다. 1968년 공원 지정에 따라 공적 여가공간으로서의 가치가 있었으며 2007년 주 40시간 근무제의 확산으로 대중여가공간으로서의 가치가 있었다. 상징적 가치는 도읍의 조산(祖山) 및 주산(主山)으로서의 가치, 교통의 랜드마크로서의 가치, 상징적 조망경관으로서의 가치가 있었다. 풍수지리의 상징체계에 의한 가치는 조선시대의 가장 대표적인 가치였으나 한강 이남을 대표하는 랜드마크로서의 가치도 있었다. 그러나 최근에는 조망경관으로서의 가치만 지속되고 있다. 공유재적 가치로는 공유자원으로서의 가치, 공공공간으로서의 가치, 가치 공유를 통한 사회적 가치가 있었다. 공유재적 가치는 사회적 인식에 따른 것으로서 각 시대 사회구성원이 모두 공유자원으로 인식하고 있음을 알 수 있었다.

셋째, 다원적 가치는 시공간의 변화에 따라 지속과 변화가 있었으며, 이는 상호 관계가 있었다. 시대별로 주도하는 가치가 있었다. 조선시대에는 상징적 가치가 매우 주도적이었고, 이는 생태적 가치, 여가휴양적 가치, 공유재적 가치에 영향을 미쳤다. 일제강점기는 여가휴양적 가치가 새롭게 증진되는 시기였고, 1970년대는 도시 오픈 스페이스로서의 가치가 부각되는 시기였다. 1986년 이후에는 도시의 공적 여가공간으로서의 가치가 부각되었고, 최근에는 사회적 가치가 증진되었다. 또한 생태적 가치와 공유재적 가치는 서로 관계가 가장 밀접하며, 산림 사유화와 도시화는 가치 변화에 가장 큰 영향을 미친 요소였음을 알 수 있었다. 또한 여가휴양적 가치는 전 시대에 걸쳐 지속적으로 나타나는 가치로서 급격하게 변화되기보다는 시대의 여가관에 따라 변하면서도 활발하게 나타나는 가치였음을 알 수 있었다. 그리고 여가휴양적 가치의 수단인 공원 지정은 공유재적 가치를 향상시키는 동인(動因)으로 매우 중요한 영향을 미쳤다.

넷째, 가치 변인으로서 가장 중요한 사회적 규범은 공원제도였음을 알 수 있었다. 공원제도는 근교산의 여가휴양적 가치와 이에 따른 도시 오픈 스페이스로서의 가치를 강화함으로써 생태적 가치가 자연체험 프로그램 등을 통해 사회적 공감대를 형성할 수 있도록 하였다. 또한 공공공간으로서의 이용과 관리는 공유재적 가치에 영향을 미쳤으며, 이는 사회구성원들이 가치를 공유해야 하는 방향성을 제시했다고 볼 수 있다. 결과적으로 공원제도는 직접적인 변화 요인으로 영향을 미치기도 하고, 공간의 공공성 변화와 사회 인식의 형성을 통해 공유재적 가치를 향상시키는 근원이 되기도 하였다.

이상의 연구 결과를 바탕으로 근교산의 다원적 가치를 계승한 지속가능한 발전을 위한 개선 방안을 제시하면 다음과 같다.

첫째, 근교산을 우리나라 고유의 공간자원으로 재인식하고 이를 계승·전승하기 위한 정체성 정립과 이에 따른 정책 수립 및 시민의식 고취가 필요하다. 본 연구를 통해 우리나라 고유의 공간자원은 정서적 가치와 물리적 가치가 혼용되어 있는 장소임을 알 수 있었다. 또한 전통적으로 우리나라의 여가휴양공간으로서 대표성과 특수성을 가지고 있을 뿐 아니라, 그러한 가치가 지속된 장소임을 알 수 있었다. 따라서 우리나라의 공원문화의 원형을 밝히는 데 근교산이 중요한 자원임을 재인식하고, 이러한 사회적 인식과 가치가 향후 정책 수립 및 시민의식 고취에 고려되어야 한다.

둘째, 근교산의 다양한 가치는 다원적 관리와 이해관계 속에서 형성되었음을 인식하고, 다원적 가치가 지속될 수 있도록 상호 협력과 의사 공유 시스템이 구축되어야 한다. 근교산의 관리 체계와 이해관계의 다원성은 조선시대부터 현재까지 지속되는 특성이 있었다. 비록 특정 가치가 시대에 따라 강조되어 나타나기는 하지만, 상호 영향 관계 속에서 가치가 유지되어 왔음을 알 수 있었다. 이러한 가치가 지속되기 위해서는 점차 세분화되고 복합화되는 관리 및 소유주들의 체계를 이해하고 서로 간의 이해가 공유될 수 있는 시스템이 필요할 것으로 판단된다.

셋째, 사회적 규범은 가치를 변화시키는 중요한 요인이었음을 알 수 있었고, 지속가능한 발전을 위해서는 바람직한 방향성 설정이 무엇보다도 요구된다. 현재 근교산은 다양한 개별법에 의해 관리되고 있지만 2020년 도시공원 일몰제 등 사회적 규범 변화에 따른 가치 변화가 예측되고 있다. 도시공원 일몰제는 근교산을 도시계획시설로서 인식하고 이에 따라 사유재 침범을 공공으로 규제하는 제도적 수단이다. 공공의 관리와 시민들의 지속적인 이용으로 현재의 근교산 자원이 형성되었음을 인식하고, 그것이 재산적인 자산이 아닌 공유재였음을 인식해야 하며, 도로나 시설형 공원과는 다른 특성으로 인해 일원화된 체계로 판단할 수 없음을 인식해야 한다. 그동안 사유림에 대한 문제가 근교산의 다원적 가치가 변화되는 큰 변곡점이었음을 인식하고, 단지 재산으로 판단하여 제도적인 틀을 변화시킬 것이 아니라, 자원의 원형에 대한 이해와 인식을 바탕으로 공유재적 가치를 지속할 수 있는 방향성 설정이 요구되는 것이다. 이를 위해 역사적 변천에서 시행착오를 통해 형성된 자원의 가치를 재정립하고 방향성을 설정하는 것은 자연형 공원으로서의 가치 향상과 녹지의 희소성으로 인한 도시의 오픈 스페이스로서의 가치 증진에 기여할 수 있을 것이다. 이는 현대사회가 가지고 있는 과제인 지속가능한 발전의 원동력으로서, 인간과 자연, 도시가 함께 공존할 수 있는 최선의 방법을 모색하는 데 근원이 될 것으로 판단된다.

본 연구는 다양한 관점에서 시간의 흐름 속에 나타나는 다원적인 가치를 연구하고 이에 따른 의미를 알아보았다. 본 연구의 시사점은 다음과 같다.

첫째, 근교산이 도시의 생태적 기반이자 인간의 정신적 고향인 모산(母山)으로서 의미가 있음을 인식하고 그 가치를 부각함으로써, 개인과 사회 공동체의 삶의 가치를 증진시키는 데 역할이 있었음을 발견했다는 의의가 있다.

둘째, 근교산은 공원 지정 이전부터 사람들이 자유롭게 이용하고 관리하였으며 즐거움을 주는 공적 공간으로서 가치가 있었음을 알 수 있었다. 이는 우리나라만의 도시공원 원형으로서 정서적인 가치를 지향하는 한국인의 의식을 반영하는 다른 나라와는 구별되는 독특한 특성임을 알 수 있었다. 또한 근교산은 도시공원의 제도적 흐름 속에서 지형적으로나 이용 측면에서 중요하게 존재함으로써 산림적 특성과 공원적 특성이 공존하는 자원임이 파악되었다.

셋째, 근교산이 가진 다원적 가치는 지속적으로 공존하며, 그 보편성과 특수성은 함께 영속되어야 한다. 우리는 그 동안 개발과 보존, 산과 공원, 민간과 공공이라는 이원화된 공간에서 둘 중 하나를 선택해야 한다고 생각했다. 그러나 우리의 자연 자원에서는 다양한 모습이 공존하면서 다원적인 가치가 발현되며, 이는 단지 한쪽 편에 서서 한쪽의 일관된 목적을 달성하기보다는 다양한 이슈와 역할을 함축할 수 있는 가치가 있음을 알 수 있었다. 따라서 개발 계획의 추진에서도 근교산이 지닌 특성에 따라 우선 가치 항목을 평가하고, 그에 따른 계획과 관리의 주체, 대상, 범위, 방식을 결정하는 접근이 요구된다.

본 연구는 근교산이 가진 다양한 가치를 시간과 공간이라는 거시적인 측면에서 살펴보는 데 의의를 가지고 있다. 이러한 연구 방법적 특성으로 인해 구체적이고 미시적인 측면을 깊게 다루지 못한 한계가 있기에, 향후 각 가치가 지속되기 위한 방안과 한국 고유의 공원문화의 구체적인 특성이 무엇인지를 밝히는 연구 등이 필요할 것으로 판단된다. 마지막으로 본 연구는 그 동안 산과 공원이라는 이분화된 관점에서 벗어나 근교산이라는 자원을 이해하고자 노력한 부분에서 가치가 있었다고 판단하고, 본 연구가 근교산의 효율적인 이용과 관리, 가치의 재고에 학문적으로 기여할 수 있기를 기대한다.

참고 문헌

단행본

Whitaker, B., and Browne, K., 김수봉 (역)(1971). 『우리의 공원 (Parks for people)』. 서울: 박영사.

Commission of the European communities (2006). Commission Staff Working Document.

Drake, Henry Burgess, 신복룡·장우영 (역)(2000). 『일제 시대의 조선 생활상』. 서울: 집문당.

Fitzpatrick, K., and LaGory, M. (2000). *Unhealthy places: the ecology of risk in the urban landscape.* New York: Routledge.

Gilmore, George W., 신복룡 (역)(1999). 『서울풍물지』. 서울: 집문당.

Hulbert, Homer B., 신복룡 (역)(1999). 『대한제국멸망사(Passing of Korea. Korean)』. 서울: 집문당.

Sakabe, Megumi, 이신철 (역)(2009). 『칸트사전』. 서울: b.

Walker, C., (2004). *The public value of urban parks.* Urban Institute.

강신용(1995). 『한국근대 도시공원사』. 서울: 대왕사.

고바야시 노라유키, 김의경·이경학 (역)(2010). 『지구온난화와 산림』. 서울: 도요새.

국립산림과학원(2012). 『임업기술핸드북』. 서울: 국립산림과학원.

권태준·이덕복·김종달·조명래·변영진 외(1998). 『도시 환경과 계획』. 서울: 한울아카데미.

권태환·전광희·은기수(1997). 『서울의 전통 이해: 인구와 도시화』. 서울: 서울시립대학교 출판부.

김선미(2013). 『산악문화도시』. 파주: 한울아카데미.

김형국(1999). 『땅과 한국인의 삶』. 서울: ㈜나남출판.

로버트 스테빈스(2012). 『진지한 여가 Serious leisure: a perspective for our time』, 최석호·이미경·이용재 (역)(2012). 여가경영.

문화체육관광부(2014). 『2014 국민여가활동조사』. 서울: 문화체육관광부.

미즈우치 도시오, 심정보 역(2010). 『공간의 정치지리』. 서울: 푸른길.

배재수(2002). 『조선후기 산림 정책사』. 서울: 임업연구원.

산림청(2014). 『2014 임업통계연보 제44호』. 산림청.

산림청(2015). 『2015 임업통계연보 제45호』. 산림청.

산림청(2020). 『2020 임업통계연보_제50호』. 산림청.

서울대학교 교육연구소(1995). 『교육학용어사전』. 서울: 하우.

서울시정개발연구원(2001). 『서울 20세기 공간변천사』. 서울: 서울시정개발연구원.

서울특별시 관악구(1996). 『관악 20년사』. 서울: 서울특별시 관악구.

나각순(1997). 『서울의 산』. 서울: 서울특별시사편찬위원회.

이상배(2012). 『서울의 누정』. 서울: 서울특별시사편찬위원회.

강우철 외(1983). 『서울육백년사』5권 상. 서울: 서울특별시.

전우용 외(2016). 『서울2천년사』. 서울: 서울역사편찬원.

서울특별시(1990). 『서울토지구획정리백서』. 서울: 서울특별시.

서울특별시(2015). 『제55회 서울통계연보』. 서울: 서울특별시.

스가와라 사토시, 정영호·박찬우 역(1989). 『인간에게 있어 산림이란 무엇인가-황폐를 막고 재생의 길을 찾는다』. 서울: 전파과학사.

신영대(2004). 『풍수지리학 원리』. 서울: 경덕출판사.

양병이(2011). 『키워드로 만나는 조경』. 파주: 도서출판조경.

오세익(2001). 『농업의 다원적 기능의 가치 평가 연구』. 과천: 농림부.

윤홍기(2011). 『땅의 마음』. 서울: (주)사이언스북스.

이상필(2005). 『남명학파의 형성과 전개』. 서울: 와우출판사.

이정용(1993). "관악산에 올때는 빈손으로 오세요", 『월간말』 83: 202-205.

이종묵(2006). 『조선의 문화공간 2』. 서울: 휴머니스트.

임경빈(1997). 『숲 속의 문화 문화속의 숲』. 서울: 열화당.

임희지(2014). 『한성의 정체성 회복 이야기: 개잔 이후 한성의 공간변천사』. 파주: 도서출판 한울.

정치영(2014). 『사대부, 산수 유람을 떠나다』. 성남: 한국학중앙연구원.

조경비평 봄(2010). 『공원을 읽다』. 경기: 나무도시.

조명래(2013). 『공간으로 사회읽기 개념, 쟁점과 대안』. 파주: 도서출판 한울.

최명섭(2005). 『도시숲의 생태적 가치』. 서울: 국립산림과학원.
최병택(2010). 『일제하 조선임야조사사업과 산림 정책』. 서울: 푸른역사.
최원석(2014). 『사람의 산 우리 산의 인문학』. 파주: 한길사.
최창조(2008). 『한국의 풍수지리』. 서울: 민음사.
최청호(1993). 『산과 한국인의 삶』. 서울: ㈜나남출판.
한국문학평론가협회(2006). 『문학비평용어사전』. 서울: 새미.
황기원(2009). 『한국 행락문화의 변천과정』. 서울: 서울대학교출판부.

연구보고서

서울특별시(2010). 『서울특별시 자연녹지경관계획』. 서울: 서울특별시.
국토개발연구원(1990). 『도시근교 산지・구릉지의 효율적 활용방안연구-주거
　　용 개발을 중심으로』. 서울: 국토개발연구원.
국토해양부(2011). 『저탄소 녹색성장형 도시공원 조성 및 관리운영 전략 정
　　책연구 제1과제 전국 도시공원 실태조사』. 국토해양부.
김원주(2009). 『서울시 주요산 도시공원화에 따른 주제공원 조성 및 이용증
　　진 방안』. 서울시정개발연구원.
김원주(2014). 『서울둘레길 관리 운영 방안』. 서울: 서울연구원.
김정섭(2006). "EU, 임업정책 행동계획 채택", 『세계농업뉴스』73, pp.1-16.
문화체육관광부(2013) 『여가백서』. 문화체육관광부.
배청・이상대・이건호・김재병・이지애・俞焄(1996). 『대도시 주변 농촌지
　　역정비에 관한 연구』. 경기: 경기개발연구원.
산림청(2007). 『도시내 공원녹지와 도시림의 통합적 조성관리방안에 관한 연
　　구』. 산림청.
산림청(2008). 『도시림기본계획 2008~2017』. 산림청.
산림청(2009). 『생애주기별 산림복지체계 구축계획』. 산림청.
산림청(2010). 『산림과 임업 동향에 관한 연차보고서』. 산림청.
산림청(2013). 『도시림기본계획(최종)2013~2017』. 산림청.
서울대학교(2001). 『농업의 다원적 기능에 대한 가치 평가에 관한 연구』. 서
　　울: 서울대학교.
서울시정개발연구원(2004). 『아차산 유적을 통해서 본 서울의 고구려 문화
　　활용에 관한 연구』. 서울시정개발연구원.
서울연구원(2009). 『2009 기존 도시자연공원의 도시관리계획 변경 연구. 강
　　남1』. 서울: 서울연구원.

서울특별시(1967). 『유원지계획 관악산지구』. 서울특별시.

서울특별시(1977). 『도시계획연혁집 1977』. 서울특별시.

서울특별시(1987). 『근교큰산 살리기운동 설문조사서』. 서울: 서울특별시.

서울특별시(1989). 『서울시 근교큰산 활용방안연구』. 서울: 서울특별시.

서울특별시(1999). 『생명의 나무 1000만 그루심기 :생명의 나무 천만 그루심기』. 서울특별시 환경관리실 조경과.

서울특별시(2014). 『2014 산지관리지역계획』. 서울: 서울특별시.

이영아·진영환·변재관(2000). 『사회적 약자를 위한 도시시설 확충방안』. 국토연구원.

한국갤럽조사연구소(2006). 『산림의식 조사』. 산림청.

한국갤럽조사연구소(2010). 『산림에 대한 국민의식조사 보고서』. 산림청.

한국갤럽조사연구소(2015). 『산림에 대한 국민의식조사』. 산림청.

한국갤럽조사연구소(2015). 『한국갤럽 창립 40주년 기념 조사, 한국인이 좋아하는 것들 2004-2014, 자연편-7』. 서울: 갤럽코리아.

한국갤럽조사연구소(2015a). 『한국갤럽 창립 40주년 기념 조사, 한국인이 좋아하는 것들 2004-2014, 취미·문화편-2』. 서울: 갤럽코리아.

한국갤럽조사연구소(2015b). 『한국갤럽 데일리 오피니언 | 2005/2015년 등산에 대한 조사』. 서울: 갤럽코리아.

학술지 및 학위논문

Burgess, J., Harrison, C. M., and Limb, M.(1988). "People, parks and the urban green: a study of popular meanings and values for open spaces in the city", *Urban studies*, 25(6): 455-473.

Chiesura, A.(2004). "The role of urban parks for the sustainable city", *Landscape and urban planning*, 68(1): 129-138.

Cranz, G., and Boland, M.(2004). "Defining the sustainable park: a fifth model for urban parks", *Landscape Journal*, 23(2): 102-120.

Foresta, R. A.(1980). "Elite values, popular values, and open space policy", *Journal of the American Planning Association*, 46(4): 449-456.

Hayward, D. Geoffrey and William H. Weitzer.(1984). "The public's image of urban parks: Past amenity, present ambivalance, uncertain future", *Urban Ecology*, 8(3): 243-268.

Hunter, I. R.(2001). "What do people want from urban forestry?—The

European experience", *Urban Ecosystems*, 5(4): 277-284.

Jim, C. Y., and Wendy Y. Chen.(2006). "Perception and attitude of residents toward urban green spaces in Guangzhou(China)", *Environmental management*, 38(3): 338-349.

Kaplan, R.(1983). "The role of nature in the urban context", *In Behavior and the natural environment*, (pp.127-161). Springer US.

Konijnendijk, C. C., Ricard, R. M., Kenney, A. and Randrup, T. B. (2006). "Defining urban forestry-A comparative perspective of North America and Europe", *Urban Forestry & Urban Greening*, 4(3): 93-103.

Miller, T. I., and Miller, M. A.(1991). "Citizen surveys: how to do them, how to use them, what they mean : a special report on designing, conducting, and understanding citizen surveys", International City Management Association.

Hoh, Y. K.(2015). "Die Landschaften der Metropolregion Seoul. Entwicklung des Grüngürtels anhand seiner Qualitäten", *Masterarbeit(석사논문), Technische Universität München*.

강경미·김정석·장남기(1997). "관악산의 잔디와 억새 생태계에 있어서 에너지의 흐름과 무기물의 순환 7:Mn, Zn", 『한국잔디학회지』 11(1): 1-7.

강경미·홍영빈·장남기(1999). "관악산에서 식생에 따른 세포성 점균의 출현과 분포." 『과학교육연구논총』 24(1): 1-14

강병기(1995). "도성 주요시설의 입지 좌향에 있어 산의 도입에 대한 시각적 특성해석의 시론", 『대한국토계획학회지』 78: 251-264.

강영호·이천용·배영태(2010). "구한말 일제강점기 이후 서울의 풍치림조성 및 치산치수 역사", 『산림공학기술』 8(1): 19-29.

강은지·홍정식·이슬비·김용근(2014). "서울시 생활권 도시숲의 유형과 규모에 따른 이용행태 비교 연구 -봉제산, 아차산을 중심으로." 『한국환경생태학회지』 28(1): 90-98.

강정원(2005). "한말 일제초기 산림정책과 소유권 정리", 『지역과 역사』 16: 279-319.

강정원(2014). "한말 일제초기 산림조사와 삼림법 성격", 『한국근현대사연구』 70: 7-35.

강혜선(1997). "한국 한시와 사찰(2); 삼각산 일대의 사찰과 한시", 『한국한시연구』 5: 5-21.

고동환(2006). "조선후기 서울의 공간구성과 공간인식", 『서울학연구』 26: 1-48.

고동환(2013). "조선후기 서울 도시공간의 변동: 상업발달과 관련하여", 『서울학연구』 52: 149-175.

고춘희(2009). 『진경산수의 정신과 표현방법 연구: 본인의 작품을 중심으로』, 홍익대학교 석사학위 논문.

고화정・송병화・양병이(2006). "조망경과 선호도 영향요인에 관한 연구", 『한국생태환경건축학회』6(4): 3-10.

구자춘・윤여창(2009). "특성가격법을 이용한 산림 경관 가치 측정 - 서울시 강남구 일원본동 아파트 가격에 내재된 산림 경관가치를 중심으로", 『한국임학회 하계 학술연구 발표회』 85-88.

권오혁・김남주・김두환・김창현・김한준・손정원・김창현(2011), "공간의 개념정의에 관한 온라인 토론", 『한국공간환경학회』 21(2): 246-273.

권영주・유승훈・박세헌(2013). "금강하구의 환경가치 추정", 『해양환경안전학회 학술발표대회 논문집』2013(4): 161-163.

김경배・정숙영(2005). "남산공원내 노후시설의 이용실태분석 및 개선방향 연구", 『서울도시연구』6(2): 131-148.

김기성・황인훈(2002). "GIS를 이용한 도시생산녹지의 공익적 가치 평가", 『한국농공학회지』 44(3): 157-169.

김대열(2008). 『우리나라 명승 지정 확대방안 연구: 한국과 일본 명승자원 유형분석을 중심으로』, 한경대학원 석사학위 논문.

김동실(2008). 『서울의 지형적 배경과 도시화 양상』, 한국교원대학교 박사학위 논문.

김동욱(2006). 『생활권 등산로의 이용자 인식과 정비방향에 관한 연구-대구광역시를 중심으로』, 대구대학교 대학원 석사학위논문.

김동현・강영호・김찬범(2012). "조선시대(1392년~1910년)의 산불정책에 관한 연구", 『한국방재학회지』 12(6): 217-221.

김무진(2009). "고려사회의 산림관과 산림정책", 『산림』 5: 44-47

김문겸(2004). "IMF가 일상생활에 미친 영향", 『사회조사연구』 19: 1-32.

김석준(1976). 『관악산의 남사면과 북사면의 식피의 비교연구』, 서울대학교 석사학위논문.

김선화(2014). 『조선시대 서울 한강 누정의 장소성에 관한 연구』, 상명대학교 대학원 박사학위논문.

김성용(1997). "일본의 토지이용 제한제도 연구 - 근교녹지보전제도와 '구역

구분(線引き)'제도를 중심으로", 『그린벨트 백서-개발제한구역제도 관련 자료집』96-127.

김성환·허영미·손일(2011). "부산시 안내등산의 시공간적 행태에 관한 연구", 『한국사진지리학회지』21(4): 89-108.

김수봉(1996). "지속가능한 도시개발을 위한 효과적 도시환경계획의 방법에 관한 연구", 『대한국토도시계획학회지(국토계획)』31(5): 79-94.

김수봉·김무호·김병진(2011). "산지형 공원녹지에 대한 이용실태 조사-대구광역시 앞산공원을 중심으로", 『환경과학논집』15: 130-147.

김수봉·김용수(1992). "대도시 공원녹지의 역할에 관한 연구(Ⅰ); 대구시민의 공원녹지의 가치 분석을 중심으로", 『한국조경학회지』19(4): 1-11.

김연수·김형민·오수길(2013). "도시계획의 가치변화 인식의 방향성에 관한 연구", 『한국지방자치연구』15(1): 69-84.

김예화·정승규·정슬기·이동근(2015). "산림 생태계 서비스를 고려한 산림 보전가치 평가 -가평군을 대상으로", 『환경영향평가』224(5): 420-431.

김은정(2001). "관악산의 문학적 형상화 연구", 『한국한시연구』9: 123-152.

김재근·장남기(1989). "관악산에 식재된 리기다소나무림에서의 낙엽의 생산과 분해", 『한국생태학회지』12(1): 9-20.

김재준·이혜린·이민하·강민지·박수진(2011) "등산활동의 건강관련 동기 요인과 유인요인 분석", 『한국임학회지』100(3):327-333.

김정택·이관규·김준순(2012). "산림생물다양성의 경제적 가치 평가", 『농업생명과학연구』46(4): 31-39.

김종순·원형중(2014). "인문,사회과학편:등산참여자의 레크리에이션 전문화, 장소애착, 그리고 친환경행동에 관한 탐색적 연구", 『한국체육학회지』52(5): 365-379.

김종호·김래현·윤호중·이승우·최형태·김재준·박찬열·김기동(2012). "산림공익기능의 경제적 가치 평가", 『한국산림휴양학회지』16(4): 9-18.

김종호·이경학·박찬우·서정원·손영모·김경하·윤호중·박찬열·이승우·오정수(2006). "산림의 공익기능 평가", 『한국산림휴양학회지』10(2): 7-15.

김주연(2015). "삼산·오악(三山·五嶽) 도상의 정치적 전용과 그 전거(典據)", 『미술사학보』44: 163-184.

김주형(1999). 『관악산주변 도시자연공원의 개발전략에 관한 연구』, 건국대학교 석사학위논문.

김준민(1977). "관악산의 남사면과 북사면의 식피의 비교연구", 『서울대학교 사대논총』 16: 145-155.

김준호・유병태(1985). "관악산의 고도에 따른 진달래와 철쭉꽃의 개화와 개엽시기", 『한국생태학회지』 8(1): 53-59.

김진문(1994). 『도시자연공원 안내체계 계획기준에 관한 연구』, 경희대학교 석사학위논문.

김진웅(2012). "공영방송의 공적가치 평가 시스템에 관한 연구", 『방송과 커뮤니케이션』 13(1): 147-175.

김찬호(2005). 『등산객의 기능성 소재 등산복 구매행동』, 중앙대학교 대학원 석사학위논문.

김태욱・전승훈(1989). "관악산의 식물상", 『The Arboretum, Seoul National University』 14(2): 1-19.

김태욱・전승훈(1992). "설악산 대청봉을 중심으로 한 고산지역의 식물상과 식생구조에 관한 연구", 『The Arboretum, Seoul National University』 12(12): 1-12.

김태원(2009). 『한국 산림에 관한 법적 연구』, 성균관대학교 대학원 석사학위논문.

김해경・김영수(2013). "서울 이태원 부군당 마을 숲의 변천과 가치", 『한국전통조경학회지』 31(2): 58-69.

김현・이동근・권정아(2002). "대모산 도시자연공원의 정비방향설정에 관한 기초적 연구", 『한국환경복원녹화기술학회지』 5(1): 51-58.

김호종(1999). "조선후기의 산림보호 정책", 『인문과학연구』, 안동대학교 인문과학연구소 2: 121-128.

김효정・강은지・조중현(2010) "도시공원 특성에 따른 관리유형의 평가", 『한국조경학회지』 38(5):21-30.

노정민・이인성(2012). "거리에 따른 도시공원의 경제적 가치 평가와 영향요인의 변화", 『한국도시설계학회지』 13(1): 143-154.

류대호・이동근(2013). "수도권 그린벨트 지역의 생태계 서비스 가치평가 연구", 『국토계획』 48(3): 279-292.

민현석(2010). "이용자측면에서 바라본 남산공원의 접근성 개선을 위한 방안 연구", 『대한건축학회논문집 계획계』 26(6): 229-236.

박경희(2011). 『개발제한구역 해제지역의 관리와 제도개선 방안에 관한 연구-경기도 화성시 사례를 중심으로』, 경기대학교 도시 및 부동산개발 석사학위논문.

박명자(1991). 『서울남산의 경관 가치에 관한 연구-조선시대의 풍류 문학에 표현된 경관관을 중심으로』, 한양대학교 석사학위 논문.

박문호(2003). "도시공원·녹지 관련 제도개선방안 / 도시공원법 개정(안)을 중심으로" 『대한국토도시계획학회 공청회 자료집』 1-34.

박상언(2007). 『무학대사의 풍수도참사상에 관한 연구: 한양 전도를 중심으로』, 영남대학교 석사학위 논문.

박석희(1999). "관악산 탐방자의 노블티 추구정도에 관한 연구", 『여가관광연구』3:241-264.

박성용(1993). "프랑스 인류학과 아날학파의 동향 : 인류학의 역사학화와 역사학의 인류", 『사회과학연구』 2: 85-99.

박수지·김한배·이승희(2014). "조선시대 서울 경관명소 분포와 인식의 비교연구-팔경시, 진경산수화, 풍속지를 중심으로", 『국토연구』 82: 17-35.

박원경·변우혁·김기원·윤여창(2008). "도시숲 이용패턴에 관한 전 국민조사와 지역조사와의 비교연구", 『한국임학회 정기학술발표논문집』 2008(단일호): 23-25.

박율진(2007). "근교산 등산로 정비와 관리 방안", 『한국녹지환경디자인학회지』 3(3): 16-20.

박인규(1990). 『도시근교산 행락지의 이용행태에 따른 사용자부담제 실시 가능성에 관한 연구』, 서울대학교 대학원 석사학위논문.

박정열·김태희·김성윤·박동균·이희찬(2010). "논문:수도권 거주자의 산림 방문수요 결정요인 분석-북한산, 관악산, 수락산, 도봉산 방문객을 중심으로", 『한국산림과학회지』99(1): 36-46.

박재찬(2000). 『도시림 관리를 위한 인터넷 GIS 개발 : 관악산 자연자원 정보를 중심으로』, 서울대학교 대학원 석사학위논문.

박찬영(1996). "가치", 『철학과 현실』 철학문화연구소, 222-228.

박찬용(1989). 『이용자 만족도에 준거한 도시림의 효용평가에 관한 연구 : 대구시 앞산 도시자연공원을 중심으로』, 고려대학교 대학원 박사학위논문.

박창규(2006). "가상적 가치추정법(CVM)을 이용한 관광위락자원의 편익가치 분석", 『한국경제지리학회지』 9(2): 211-224.

박현호(1995). 『지역성장을 위한 관광산업 육성정책에 대한 고찰』, 서울대학교 환경대학원 석사학위논문.

반기민·연평식·류진호·권헌교·신원섭(1999). "우암산 도시 자연공원의 이용 형태에 관한 연구", 『산림휴양연구』 3(3·4): 57-69.

배기강·권용환·박주한·이윤정·이한진(2008). "서울시 관악산, 남산, 북한산 신갈나무림(Quercus mongolica)의 토양 특성과 토양 내 유기탄소 함량 측정", 『한국임학회 정기총화 학술발표회』2008: 127-128.

배종진·최승오(2013). "산림의 공익적 가치 공유를 위한 실천적 제안: 장애인과 숲", 『체육사학회지』 18(3): 71-82.

서순복(2012). "조선시대 여가와 공간에 관한 학제적 접근" 한국정책학회 학술대회.

서영애(2015). 『역사도시경관으로서 서울 남산: 산, 공원, 도성의 다층적 관점으로』, 서울대학교 대학원 박사학위 논문.

성현찬·이동근(1999). "도시녹지정책수립을 위한 주민의식조사에 관한 연구", 『국토계획』 34(1): 145-154.

손상락·윤병구(2002). "도시민의 공원녹지 가치관에 관한 연구", 『국토연구』 33: 55-71.

신동섭(2014). 『조선 후기 명승에 대한 사실적 이식의 발전-장동 김문을 중심으로』, 한국교원대학교 대학원 석사학위논문.

신미란(2007). 『우리나라 중부지방 자생식물 분포의 조사분석: 관악산, 광릉, 북한산의 자원식생』, 경희대학교 대학원 박사학위 논문.

신효중(1998). "산림의 휴양가치 평가방법론 고찰", 『산림휴양연구』 2(2·3): 19-38.

심규철·여성희·장남기(1997). "관악산의 잔디와 억새 생태계에 있어서 에너지 흐름과 무기물의 순환 10. 구리의 순환", 『한국잔디학회지』 11(4): 295-301.

심규철·장남기(1997). "관악산의 잔디와 억새 생태계에 있어서 에너지의 흐름과 무기물의 순환 9.hg,pb와c", 『한국잔디학회지』 11(4): 289-294.

심재열(2010). 『풍수사상의 입지선정 영향에 관한 연구 : 전통적 풍수지리와 현대적 입지요건의 비교』, 인천대학교 대학원 박사학위 논문.

심재헌(2014). "산림의 공익기능 증진을 통한 국토가치 향상 방안", 『국토』 394: 15-21.

심준영·이종성·이시영(2006). "도시자연공원과 근린공원에 대한 중요도 요소 평가의 비교", 『한국환경과학회지』 15(12): 1163-1170.

심한별(2014). 『서울 도심부 도시형태 및 생산활동의 변화에 대한 제도주의적 해석』, 서울대학교 대학원 박사학위 논문.

안병주(1993). "유교의 자연관과 人間觀:조선조 유교정치에서의 「산림」의 존재와 관련하여", 『퇴계학논집』 75・76: 11-20.

안원용(2000). 『관악산지역 수목에 의한 대기 이산화탄소의 저장 효과』, 성균관대학교 석사학위 논문.

안창식・박장근・이원희(2000). "도시 근교산 등산객의 등산 행태 분석연구", 『한국체육학회 학술발표논문집』 38: 982-990.

오정학・조재형・조현제・최명섭・권진오(2008). "경관생태학적 도시숲 관리를 위한 비오톱 평가지표 및 유형분류에 관한 연구", 『한국지리정보학회지』11(4): 101-111.

오충현・이경재(1993). "도시녹지의 생태학적 조성 및 관리방안에 관한 연구-서울시 안산 도시자연공원을 중심으로-", 『한국조경학회지』21(1): 125-137

오현경・오충현・이호영・유주한(2015) "관악산 생태・경관보전지역의 식물상", 『한국자연보호학회지』 9(1): 40-51.

우보명(1985). "관악산 지역 암석 황폐지의 녹화공법개발에 관한 연구", 『서울대학교 농과대학 농학연구』 10(2): 17-32.

우보명・권태호(1983). "황폐산지에서의 산불이 삼림식생 및 토양에 미치는 영향에 관한 연구: 관악산 뱀골계곡에서의 초기영향", 『한국임학회지』 62: 43-52.

위사양(2013). 『관악산 생태・경관보전지역 식물군집구조 분석』 동국대학교 대학원 석사학위논문.

위사양・차두원・오충현(2019a). "인왕산 생태・경관보전지역 이용 현황 및 관리방안 마련", 『한국환경생태학회 학술대회지』2019(1): 108.

위사양・송종원・오충현(2019b). "관악산 생태・경관보전지역의 회양목군락 식생구조 및 회양목 밀도 분포 특성", 『한국환경생태학회 학술대회지』2019(2): 32.

유기준(2011). "관악산 등산로 이용에 따른 영향에 관한 연구"『한국환경생태학회지』 25(1):111-117.

유병권(2013). "개발제한구역 해제기준과 토지이용정책 가치갈등 양상에 관한 연구", 『국토지리학회지』 47(3): 363-380.

유석연(2014). 『서울성곽과 주변부 거주자 및 방문객의 이용행태와 만족도』, 서울대학교 대학원 박사학위논문.

유승혜(2011). 『산림의 다원적 기능에 대한 인식과 가치 평가』, 고려대학교 대학원 석사학위 논문.

유승훈・이주석・정영근(2011). "독도의 비시장적 가치 평가", 『Ocean and Polar Research』 33(3): 223-233.

유진채・김미옥・공기서・유병일(2010). "한국산림의 공익적 가치 추정: 선택실험법을 이용하여", 『한국농촌경제연구원논집』 33(4): 43-62.

유행주・서정모・한학진(2008). "수도권 등산객의 여가활동 참여에 따른 최종 가치 분석", 『호텔관광연구』 10(1): 105-117.

윤문영・오은석・함광민・손용훈(2010). "도시개발에 따른 도시림의 변화 과정과 도시림이 갖는 공익적 가치에 관한 연구: 치바현 아비코시를 대상으로", 『한국조경학회 학술대회 논문집』.

윤소영(2014). "산림을 이용한 여가활동 현황과 기대효과", 『국토연구』 394: 38-43.

윤여창・김성일(1992). "산림자원의 휴양가치 산출을 위한 경제적 평가방법론 비교연구", 『자원・환경경제연구』 1(1): 155-184.

윤호균・김남진・김홍주・조성호・이용민・정권・김주형・김민영(2009). "관악산 대기질의 특징", 『한국대기환경학회 2009년도 추계학술대회 논문집』 678-679.

이경재・송준근・조우(1994). "관악산 삼림의 22년간(1972~1993)의 식물군집구조 변화", 『한국조경학회지』 55: 79-70.

이동근・이우균・박진한・김정택・정선우・김순준・정태용(2014). "자연자산의 가치를 반영한 생태계보전협력금 제도 개선 방안 –산림지역을 중심으로", 『한국환경복원녹화기술학회지』 17(1): 203-213.

이민기(2012). 『개발제한구역의 "여가녹지"활성화 방안 연구』, 단국대학교 부동산・건설대학원 석사학위논문.

이병굉(1972). "관악산의 산림군락에 관한 식물사회학적 연구", 『한국식물학회지』 15(1): 1-12.

이병언(1990). "관악산 일대의 설치류에 기생하는 진드기류의 생태에 관한 연구", 『부속학교교육논문집』 11: 133-149.

이상균(2011). "조선시대 사대부의 유람 양상", 『정신문화연구』 34(4): 37-62.

이상균(2013). 『조선시대 유람문화 연구』, 강원대학교 박사학위 논문.

이상해(1992). "한양도성 경관의 원형", 『대한건축학회지』 36(1): 36-44.

이상호・김태환(2000) "인지적 공간개념에 의한 실내건축공간의 표현에 관한 연구", 『한국실내디자인학회 논문집』 23: 132-138.

이수동・최진우・이경재・한봉호(2006). "불암산도시자연공원의 환경생태 현황 조사・분석을 통한 생태적 측면에서의 공원관리계획 수립", 『한국환경생태학회지』 20(2): 170-187.

이시영(2007). "노인주거시설 외부공간의 이용행태 및 요구도 평가",『한국조
　　　경학회지』 35(3): 1-12.

이연경(2014). "근대적 도시가로환경의 형성",『도시연구』 11: 7-36.

이연희·김기원·변우혁(2009). "광주광역시 도시숲 제석산 이용자의 이용행
　　　태 및 의식조사",『인간식물환경학회지』12(6): 45-56.

이우연(2006). "식민지기 임야소유권의 정리 : 산림녹화와 소유권",『경제사
　　　학』 40: 21-55.

이원호·김동현·김재웅·안혜인·김대열(2014). "전통공간 재현을 위한 광
　　　한루원의 수목정비방안 연구",『한국전통조경학회지』32(3): 82-95.

이재상(2010).『도시의 미적 요소가 관광객의 가치 지각과 도시 브랜드 이미
　　　지에 미치는 영향』, 세종대학교 대학원 박사학위논문.

이정석·조세환(2011). "도시자연공원구역 지정 및 관리상의 문제점 분석",
　　　『한국조경학회지』 39(3): 98-106.

이정숙(2014). "한국 근현대소설에 나타난 성북동, 낙산 일대의 형상화 고찰",
　　　『한성어문학』 33: 61-86.

이정현(2003).『관악산 대기 및 동해 해수 중의 SF에 관한 연구』, 서울대학교
　　　석사학위 논문.

이정현·김경렬(2008). "서울 관악산 대기 중의 SF에 관한 연구",『한국기상
　　　학회』 18(3): 225-235.

이종락·김상윤(2000). "도시민의 산림에 대한 문화적 인식에 관한 연구",
　　　『한국산림휴양학회지』 4(1·2): 11-23.

이종열(2012). "산림정책 패러다임의 역사적 변천과정 분석",『한국정책학회
　　　동계학술발표논문집』 3-16.

이종열(2013). "산림행정 패러다임의 역사적 변천과정에 대한 평가"『한국정
　　　책연구』 13(3): 261-279.

이지영(2013). "도시공공환경의 변인으로서 사회가치인식과 제도의 변화상에
　　　관한 연구",『한국실내디자인학회 논문집』 22(3): 164-173.

이진삼(2015). "한국 전통풍수의 연원 및 사상적 토대와 그 변모 양상",『인
　　　문학연구』 50: 193-225.

이현군(1997). "조선전기 한성부 성저십리의 지리적 특성에 관한 연구",『지
　　　리학논총』 30: 51-68.

이형욱(2012).『산지형 근린공원 시설지 생태경관적 식재 개선방안 연구: 서
　　　울시 초안산 근린공원을 대상으로』, 서울시립대학교 대학원 석사학

위 논문.

이호상·유병일·전준헌·박영규 (2009). "산림의 가치 평가 방법론",『한국 임학회 하계학술발표논문집』.

이호승(2011). "지리산 유람록을 통한 산림문화 연구",『한국산림휴양학회지』 15(1): 39-49.

이호승(2012).『지리산유람록으로 본 산림문화 가치분석』, 경북대학교 대학 원 석사학위논문.

이호영·오충현·이상진(2012). "관악산 생태경관보전지역 내 회양목 분포 특성 연구",『한국환경생태학회지』26(1): 91-99.

이홍천(2014).『관악산 과천시구간 회양목 자생지 식생특성 및 서식』, 고려대 학교 석사학위 논문.

임미정(2011).『지역 커뮤니티 활성화를 위한 도시텃밭 이용자의 인식조사』, 서울여자대학교 석사학위 논문.

임석원·박성수(2014). "광복 이후 안양 수영장의 여가 콘텐츠적 의미에 관 한 고찰",『한국콘텐츠학회논문지』14(10): 788-794.

임원현(1994). "공원녹지의 관광위락가치에 관한 분석",『한국조경학회지』 53: 1-16.

장남기·김정석·심규철·강경미(1995). "관악산의 잔디와 억새 생태계에 있 어서 에너지의 흐름과 무기물의 순환2. 유기물 합성과 분해의 평형", 『한국잔디학회지』9(2): 109-117.

장동수(2006). "풍수지리적 배경의 전통숲 조성에 관한 연구",『한국학논집』 33: 49-80.

장용석·조문석·정장훈·정명은(2012). "사회통합의 다원적 가치와 영향요 인에 관한 탐색적 연구-국가주의, 개인주의, 공동체주의, 세계시민주 의를 중심으로",『한국사회학』46(5): 289-322.

장재훈·한봉호·이경재·최진우·노태환(2013). "관악산의 식생구조 특성과 변화 연구",『한국환경생태학회지』27(3): 344-356.

장제원·박용성(2015). "산림정책융합에 관한 연구: 산림이용·개발 및 보전 의 융합패러다임으로의 변화",『디지털융복합연구』13(6): 13-28.

장철수·신용광(2007). "산림의 공익적 가치와 환원에 대한 국민의식조사분 석",『산림경제연구』15(1): 9-21.

전경연(2004).『강남·서초구의 풍수지리적 입지특성 연구:산줄기와 물줄기 를 중심으로』, 대구한의대학교 석사학위논문.

전성우·김재욱·정휘철(2013). "생태계 서비스 가치 평가를 위한 산림 유형

분류 방안-임상도와 토지피복지도 활용을 중심으로", 『한국환경복원녹화기술학회지』 16(3): 31-39.

전정남(2009). "이용객의 환경심리가 도시숲 보존을 위한 지불의사액에 미치는 영향 -관악산을 대상으로-", 『한국임학회 정기총회 학술발표회』 2009: 587-590.

전종환(2013). "세계유산의 관점에서 본 국가 유산의 가치 평가와 범주화 연구-문화재청 지정 국가 '명승'을 중심으로", 『대한지리학회지』 48(6): 929-943.

정다정·강경호·허준·손민수·김홍석(2011). "국가산림정보를 활용한 생물다양성 및 생태서비스 가치 평가 연구", 『환경영향평가』 20(5): 615-625.

정미애·박수진·이정희·박찬우·권진오(2013a). "산림치유 효과 측정 지표로서 과산화지질의 활용가능성 분석", 『한국산림과학회지』102(4): 530-536.

정미애·박수진·박찬우(2013b). "숲길 걷기가 생리적 상태에 미치는 영향 분석", 『한국산림휴양학회 학술발표회 자료집』2013(4): 1128-1130.

정윤희(2013). "흐름의 공간과 비장소로서의 도시 형상과 세계화-안드레아스 구르스키의 사진 고찰", 『뷔히너와 현대문학』 41(0): 247-270.

정인숙(2009). "조선후기 시가에 나타난 도시적 삶의 양상과 그 의미", 『어문학』 103: 281-313.

정치영(2013). "조선시대 사대부들의 유람 중의 활동", 『역사민속학』 42: 37-70.

조경진(2003). "프레데릭 로 옴스테드의 도시공원관에 대한 재해석", 『한국조경학회지』 306: 26-37.

조경진(2007). "공원문화의 현실과 지표: 서구와 한국의 공원이용 변천과 비교를 중심으로", 『환경논총』 45: 33-54.

조영제(1998). 『다원주의 사회의 기본 덕목으로서의 관용과 그 시민교육적 함의』, 서울대학교 대학원 박사학위 논문, p.29 : Parekh.B(1996) "Parekh, Bhikhu. "Moral philosophy and its anti-pluralist bias." Royal Institute of Philosophy Supplement 40:pp.117-118 재인용.

조준호·이충삼(2006). "일제하 우리 민족의 여가 역사 연구"『한국여가레크리에이션학회지』 30(4): 229-243.

조태윤(2010). 『한양풍수와 수도이전에 관한 연구』, 동방대학원대학교 박사학위 논문.

조현길·조용현·안태원(2003). "서울 남산 도시자연공원의 대기정화기능과 가치", 『환경연구』 20: 95-101.

최영문·박창규(1998). "도시자연공원의 자원가치 평가에 관한 연구- 가상적 가치추정법(CVM)을 중심으로", 『한국관광산업학회』 12: 421-436.

최영준(1989). "조선시대 한양의 교지역 연구", 『문화역사지리』창간호: 3-22.

최원석(2015). "최원석 교수의 옛지도로 본 山의 역사 9. 관악산과 청계산: 관악산은 삼각산 대응 풍수적 조산", 『(월간)산』 552: 398-401.

최창복(1992). 『우면산 도시자연공원 조성계획』, 서울대학교 대학원 석사학위논문.

한봉호·배정희·안인수·이경재(2009). "산지형 도시공원 내 보행약자를 위한 산책로 조성 연구-우면산도시자연공원을 대상으로-", 『한국조경학회지』36(6): 22-33.

한봉호·기경석·노태환(2012). "초안산 근린공원 숲길 훼손 실태 및 복원방안 연구", 『한국환경생태학회지』 26(6): 923-933.

한상열·최관(1998). "산림휴양·관광자원의 경제적 가치 평가를 위한 새로운 접근: 실험적 가상가치 평가법의 적용", 『한국산림휴양학회지』 2(2·3): 39-51.

허순호(1989). "도시자연공원의 관리 및 보전방안에 관한 연구: 관악산 신림동 등산로 입구지역을 중심으로", 『환경연구』 9: 119-138.

허승녕·최정호·권기원·서병기·이규석(2001). "도시근린공원의 식생도 작성에 관한 연구", 『환경영향평가』10(2): 147-155.

허주녕·권혁현(2014). "도시농업 참여 실태와 다원적 기능 가치 평가", 『서울도시연구』 15(4): 53-64.

홍태한(2008). "서울굿 장단과 굿거리의 관련성", 『남도민속연구』16:285-308.

황인규(2014). "관악산의 불교와 관악사(지)-전근대 관악산 불교의 복원 시고와 자료집성", 『한국불교학』69: 307-311.

뉴스

경향신문 1971.10.22. 주말 여가 틈탄 주부 등산.

경향신문 1973.8.10. 목타는 식수난에 도전.

경향신문 1976.9.3. 고지대 개발제한 표고 해발 100m서 70m로.

경향신문 1976.3.23. 예술인 아파트 5백여주민 오염 우물물에 중독 소동.

경향신문 1982.12.4. 우리 동네 약수터 관악산 일대.

경향신문 1994.3.30. 관악산 입장료 받는다.

경향신문 1994.4.4. 관악산 입장료 "꼭 받겠다" "말도 안돼".
경향신문 1997.6.13 산정상에 우물…1,200년 마르지 않는 샘'.
동아일보 1921.3.20. '모임'.
동아일보 1926.10.1. '조양소년군 관악탐승'.
동아일보 1961.4.23 헐벗기는 「冠岳의 山林」.
동아일보 1963.1.10. 이천정보(二天町步)에 조림(造林).
동아일보 1964.10.8. 야호 산은 부른다.
동아일보 1970.8.1. 15억 땅 국가승소 엎치락 뒤치락 법정투쟁 육년.
동아일보 1991.10.18. 안양비산공원 입장료 징수 등산객과 수년째 승강이.
동아일보 1995.2.6. 비를 내리소서 농수산부 100명 「관악산 기우제」.
동아일보, 1926.2.28. 이왕전하환후침중 명산에 평유기도.
동아일보, 1959.8.29. 서울에 케·불카 加設(가설).
동아일보, 1967.8.26. 관악 컨트리 클럽 개장.
매일경제 1970.11.13. 새벽 5시 조기등산.
매일경제 1990.4.16. 건전한 행락문화가 아쉽다.
매일경제 1994.6.5. 금융기관 이벤트 사업 "물결".
매일경제 1995.10.10. 노점상 관리구역 재조정.
매일경제 1996.10.24. 삼성 애니콜 무료이용 이벤트.
서울신문 2004.7.13. 관악산 입장료 내년 폐지.
한겨레 1989.4.30. 산 찾는 여성 부쩍 늘어.
한겨레 1990.2.16. 관악산 등 입장료 3월부터 받기로 경기, 내무부에 신청.
한겨레 1992.12.6. 젊은 유권자 집중 공략.
한겨레 1995.12.3. 관악산 새해부터 입장료 받아.
한겨레 1995.12.17. 관악산 입장료 징수 시민쉼터 빼앗는 일.
한겨레 1996.11.9. 한겨레 구릉지 아파트 고도제한 완화.
환경일보 2013.3.29. 산림의 가치는 상대적이다 .

인터넷

경기도청 http://www.gg.go.kr
과천시지 http://www.gcbook.or.kr
관악구청 http://www.gwanak.go.kr
국립국어원 http://www.korean.go.kr/
두산백과 http://www.doopedia.co.kr/
문화재공간정보서비스 http://www.gis-heritage.go.kr

서울육백년사 http://seoul600.seoul.go.kr/
서울통계 http://stat.seoul.go.kr
환경부 http://www.me.go.kr

부록

서울 근교산 현장 답사

부 1. 현장 답사 개요

답사 개요		답사 위치
답사 일시	2014년 여름~2014년 11월 말	
답사 장소	대모산, 청계산, 우면산, 관악산, 일자산, 북한산, 수락산, 봉산, 안산, 남산, 북악산, 인왕산, 용마산, 아차산, 개화산, 우장산, 구룡산, 말죽거리, 청룡산, 서달산, 응봉산, 매봉산, 싸리공원(23개소)	
답사 행태	동반자 유형	혼자, 가족(유아 동반), 친구/동료
	체류 시간	3시간 이내
	이동 수단	도보, 버스, 지하철, 자가용
	이용 시간	평일 오전, 평일 오후, 주말

부 2. 관찰 일지(예시)

관찰 대상지	아차산		관찰 일시	2014.10.28	날씨	맑음
동반자 유형	개인, 그룹(가족, 친구)		관찰 시간	10:00~13:00	관찰 수단	자가용
관찰 루트	아차산주차장▶아차산토요한마당▶낙타고개▶고려산성▶아차산1보루▶아차산4보루 ▶해맞이길▶아차산관리사무소					
관찰 내용	접근성	강남구 출발 약 30분 정도의 거리로 쉽게 다녀올 수 있으며 주차시설이 준비되어 있어 외부인의 접근이 용이함. 주차장에는 노란 유치원 버스가 많은 것을 보아 영유아의 이용도 활발함.				
	배후지역	배후지역에는 아파트와 워커힐호텔이 있으나 아파트에서의 진				

	입은 다소 거리가 있는 것으로 판단됨.
이용 행태	만남의광장 및 생태공원에서 다양한 계층의 이용객을 볼 수 있음. 영유아, 청소년, 중년, 노인 등 다양한 계층이 접근이 용이한 곳임. 약수 기르는 사람, 음식 먹는 사람, 휴식을 취하는 사람 등.
시설 현황	둘레길 정비된 휴식터와 정자에서 주로 휴식을 취함

구글 설문조사

표 3. 응답자 특성

구분		빈도(명)	퍼센트(%)
성별	남자	40	37.0
	여자	68	63.0
연령	20대	27	25.0
	30대	49	45.4
	40대	26	24.1
	50대	6	5.6

표 4. 산과 공원이 같은가요

구분		빈도(명)	퍼센트(%)
산과 공원이 같은가요	네	35	0.3
	아니오	73	0.7
다른 이유	시설 및 공간조성 정도	35	0.5
	경사의 높고 낮음	17	0.2
	접근이 편리한 정도	12	0.2
	기타	9	0.1

지역 주민 설문조사

조사 개요

관악구민 인식 조사는 조사대상지로 선정된 지역의 동 주민센터를 중심으로 설문을 실시하였다. 관악구는 중앙동, 은천동, 신사동, 청룡동, 미성동, 난향동, 남현동, 관악구청에서 2015년 8월 3번째 주에 총 120부를 실시하였다. 지역적 분포와 녹지율을 고려하여 선정하였으며, 응답자 현황은 다음과 같다.

부 1. 지역 주민 설문조사 개요

조사 개요		조사 위치
조사 대상	지역 주민	
조사 위치	관악구청 외 총 9개 동 주민센터	
조사 일시	2015년 9월 1일~7일	
조사 부수	총 121부	
조사 항목	녹지와 산, 소유, 관리, 개발 방향	
척도	명명척도, 리커드척도	
방법	자기기입식	

응답자 특성

부 2. 설문 응답자 특성

구분		빈도	퍼센트	구분		빈도	퍼센트
성별	남자	47	39.8	직업	학생	24	20.3
	여자	71	60.2		전업주부	15	12.7
연령	10대	3	2.5		공무원	27	22.9
	20대	35	29.7		자영업	5	4.2
	30대	30	25.4		회사원	22	18.6
	40대	20	16.9		전문직	5	4.2
	50대	22	18.6		무직/은퇴	4	3.4
	60대 이상	8	6.8		기타	15	12.7
거주지	남현동	25	21.2	거주 기간	1년 미만	12	10.2
	신림동	32	27.1		1년 이상~2년 미만	10	8.5
	봉천동	39	33.1		2년 이상~5년 미만	24	20.3
	기타	22	18.6		5년 이상~10년 미만	18	15.3
					10년 이상	54	45.8

이용 행태

부 3. 근교산과 근교산 이외 녹지 이용객간의 이용 행태 비교

방문 동기		휴식	건강	경관 감상	스트레스 해소	환경교육	전체
산	빈도	14	15	1	4	0	34
	퍼센트	41.2%	44.1%	2.9%	11.8%	.0%	100.0%
산 이외	빈도	56	9	2	5	1	73
	퍼센트	76.7%	12.3%	2.7%	6.8%	1.4%	100.0%
전체	빈도	70	24	3	9	1	107
	퍼센트	65.4%	22.4%	2.8%	8.4%	.9%	100.0%

이용 빈도		매일	일주일에 1번 이상	한 달에 1번 이상	일 년에 1회 이상	거의 이용하지 않음	전체
산	빈도	0	28	9	1	2	40
	퍼센트	.0%	70.0%	22.5%	2.5%	5.0%	100.0%
산 이외	빈도	4	37	24	7	6	78
	퍼센트	5.1%	47.4%	30.8%	9.0%	7.7%	100.0%
전체	빈도	4	65	33	8	8	118
	퍼센트	3.4%	55.1%	28.0%	6.8%	6.8%	100.0%

접근 수단		도보	자전거	자가용	버스	지하철	전체
산	빈도	30	1	2	3	1	37
	퍼센트	81.1%	2.7%	5.4%	8.1%	2.7%	100.0%
산 이외	빈도	55	6	7	3	2	73
	퍼센트	75.3%	8.2%	9.6%	4.1%	2.7%	100.0%
전체	빈도	85	7	9	6	3	110
	퍼센트	77.3%	6.4%	8.2%	5.5%	2.7%	100.0%

동반자 유형		혼자	가족과 함께	친구/애인	직장 동료	기타	전체
산	빈도	17	10	7	3	0	37
	퍼센트	45.9%	27.0%	18.9%	8.1%	.0%	100.0%
산 이외	빈도	22	27	19	4	2	74
	퍼센트	29.7%	36.5%	25.7%	5.4%	2.7%	100.0%
전체	빈도	39	37	26	7	2	111
	퍼센트	35.1%	33.3%	23.4%	6.3%	1.8%	100.0%

이용 시간		30분 미만	31분~1시간	1시간 1분~1시간 30분	1시간 31분~2시간	2시간 1분~2시간 30분	2시간 31분 이상	전체
산	빈도	2	14	11	4	4	4	39
	퍼센트	5.1%	35.9%	28.2%	10.3%	10.3%	10.3%	100.0%
산 이외	빈도	12	27	27	9	2	1	78
	퍼센트	15.4%	34.6%	34.6%	11.5%	2.6%	1.3%	100.0%
전체	빈도	14	41	38	13	6	5	117
	퍼센트	12.0%	35.0%	32.5%	11.1%	5.1%	4.3%	100.0%

자주 찾거나 선호하는 녹지 유형

부 4. 근교산과 근교산 이외 녹지 이용 선호 비교

구분	빈도	퍼센트
근교산	40	33.9%
근교산 이외	78	66.1%
합계	118	100.0%

공유재에 대한 인식

부 5. 근교산과 근교산 이외 녹지 이용객 간의 공유재적 인식 차이

개발과 보존		주택지 개발이 우선	주택지 개발 규제	보전과 개발의 혼합	개발의 전면적 규제	잘 모르겠다	전체
산	빈도	1	4	23	8	3	39
	퍼센트	2.6%	10.3%	59.0%	20.5%	7.7%	100.0%
산 이외	빈도	2	1	58	9	8	78
	퍼센트	2.6%	1.3%	74.4%	11.5%	10.3%	100.0%
전체	빈도	3	5	81	17	10	117
	퍼센트	2.6%	4.3%	69.2%	14.5%	9.4%	100.0%

녹지 소유		공공	개인	공공+개인	기타	전체
산	빈도	18	0	20	1	39
	퍼센트	46.2%	.0%	51.3%	2.6%	100.0%
산 이 외	빈도	40	1	35	1	77
	퍼센트	51.9%	1.3%	45.5%	1.3%	100.0%
전체	빈도	58	1	55	2	116
	퍼센트	50.0%	.9%	47.4%	1.7%	100.0%

채진해 · 조경진

채진해 박사

현재 서울대학교 환경계획연구소 객원연구원이다. 서울대학교 환경대학원 협동과정 조경학에서 공학박사학위를 받았다. 한국문화관광연구원 여가정책연구실, 시흥시청 도시정책과, 서울시청 공원녹지정책과에서 근무하였다. 서울로 7017 운영에 참여하였고, 산과 공원, 공동체 정원 및 주민참여를 대상으로 연구를 수행하고 있으며, 서울의 산 시리즈를 집필하고 있다.

조경진 교수

현재 서울대학교 환경대학원 환경조경학과 교수이자, 한국조경학회 회장이다. 서울대학교 조경학과 및 서울대 대학원 생태조경학과를 졸업하고, 펜실베이니아 대학교에서 도시 및 지역계획학 박사하였다. 서울시 공원녹지총감독, 서울식물원 총괄계획가를 역임하였다. 서울숲을 비롯하여 도시공원 계획과 설계, 운영, 정책개발에 참여하였고, 공저로 『건축도시조경의 지식지형(나무도시, 2011)』 등 다수가 있다.

데이터, 근교산의 가치를 찾다
- 관악산편 -

초판인쇄 2021년 3월 12일
초판발행 2021년 3월 12일

지은이 채진해 · 조경진
펴낸이 채종준
펴낸곳 한국학술정보㈜
주소 경기도 파주시 회동길 230(문발동)
전화 031) 908-3181(대표)
팩스 031) 908-3189
홈페이지 http://ebook.kstudy.com
전자우편 출판사업부 publish@kstudy.com
등록 제일산-115호(2000. 6. 19)

ISBN 979-11-6603-361-2 93330